KB061890

김윤석의 디테일한 부동산 절세 비법

김윤석의
디테일한
부동산
절세비법

김윤석 지음

기초 개념부터 주택, 상가, 토지, 상속·증여까지

일에일북

부동산 절세지식 체크리스트

번호	질문	답변	
1	탈세와 절세를 구분할 수 있다.	YES	NO
2	국세와 지방세를 구분할 수 있다.	YES	NO
3	가산세와 가산금을 구분할 수 있다.	YES	NO
4	비과세규정을 두 가지 이상 알고 있다.	YES	NO
5	부동산 세금의 종류를 알고 있다.	YES	NO
6	부동산 세금의 신고 및 납부기한을 알고 있다.	YES	NO
7	과세표준과 세율의 개념을 알고 있다.	YES	NO
8	세금규정의 세율을 한 가지 이상 알고 있다.	YES	NO
9	개정세법을 숙지하고 있다.	YES	NO
10	부동산 절세방법을 두 가지 이상 알고 있다.	YES	NO

- 5개 이상의 질문에 'YES'로 답했다면 부동산 세금지식에 자신감을 가져도 좋습니다.
- 5개 이상의 질문에 'NO'로 답했다면 부동산 세금지식을 더 공부해야 합니다.

부동산 세금은
디테일이 핵심이다

우리는 100세 시대를 살아가고 있다. 고령화가 심화되는 상황 속에서 경제적 자유와 안정적인 노후는 모든 사람들의 꿈일 것이다. 100세 시대에 대비해 안정적인 노후를 만들려면 이제 재테크는 선택이 아닌 필수다.

재테크를 위한 투자는 크게 주식 및 펀드 등 금융 투자와 부동산 투자로 나눠볼 수 있다. 특히 우리나라에서 부동산은 안전자산이라는 인식이 있어 누구나 꼭 투자해야 하는 것으로 여겨진다. 흔히 부동산이 주식에 비해 안전하고 비교적 쉽게 다가갈 수 있을 거라고 생각하지만, 세금 문제까지 고려하면 골치 아파지기 시작한다. 필자는 20여 년 넘게 현장에서 강의를 하면서 부동산 관련 세금이 너무 어렵다고 호소하는 투자자들을 많이 만났다.

많은 이들이 부동산 세금을 어려워하는 이유는 무엇일까? 기본적으로 부동산 관련 법규와 세법 용어, 내용 자체가 너무 어렵기 때문이다. 내용도 방대한 데다 수시로 개정되기에 더 복잡하게 느껴진다. 그렇지 않아도 어렵고 복잡한데 정부대책과 세법 내용이 계속 바뀌기까지 하니 투자자들은 더욱 애를 먹을 수밖에 없다. 더구나 주거용·업무용·임대용 등 건축물의 용도에 따라 기준이 달라지고, 공동명의나 다주택 여부에 따라 혜택도 달라지니 부동산 세금은 깊이 들어갈수록 더 어려워진다.

필자는 이러한 부동산 초보 투자자들의 고충을 충분히 고려해 부동산 투자로 인해 발생하는 세금을 최대한 쉽게 이해할 수 있도록 정리하고, 투자 물건별로 발생하는 절세방법의 디테일한 면면들을 전부 훑어볼 수 있도록 했다. 또한 절세뿐만이 아닌, 부동산 투자 노하우도 곳곳에 담아내어 독자 여러분이 물건별로 적합한 투자 요령과 합법적인 절세 전략 모두를 알아가도록 도왔다.

이 책은 다음과 같은 특징을 가지고 있다.

첫째, 기존의 부동산 세금 책들과 달리 부동산 세금지식뿐만 아니라, 초보 투자자가 부동산 투자를 하기 위해 알아야 할 부동산 기초상식과 투자정보를 함께 다루었다. 부동산 투자 시에 발생하는 부동산 세금을 입체적으로 설명하고자 노력했다.

둘째, 복잡한 세법 조문을 쉽게 이해할 수 있을 만한 사례와 표, 그림 등을 삽입해 최대한 효과적으로 부동산 세금에 대한 이해를 높일 수 있도록 했다.

셋째, 최근 개정된 세법의 내용 중 일반인들이 꼭 알아야 할 개정세법 내용도 다루었으며, 주요 개정사항은 부록으로 정리해두었다.

넷째, 부동산 투자를 할 경우 꼭 알아야 할 세금 용어를 부록으로 정리했다. 복잡한 세금 용어를 쉽게 이해할 수 있도록 설명했으며 이에 따른 적절한 실전 사례까지 첨가했다.

부동산 세금은 어렵다고 해서 피할 수 있는 문제가 아니다. 높은 수익률을 기대하고 투자했는데 세금 폭탄을 맞아 오히려 손해를 보는 일도 흔하다. 부동산 절세는 디테일함이 핵심이기 때문에 자세히 알지 못하면 오히려 큰 손해를 볼 수 있다. 절세 방법을 알고 미리 대비해 예상 수익률을 지켜야지만 비로소 성공적인 투자라 할 수 있다. 그렇다고 탈세를 하라는 말은 결코 아니다. 탈세와 절세는 엄연히 다르다. 합법적으로 세금을 줄일 수 있는 방법을 찾아 혜택을 놓치지 말아야 한다는 것이다. 아무쪼록 이 책을 통해 투자자 본인에게 필요한 내용을 충분히 숙지하고 대비함으로써 세금을 몰라서 큰 손해를 보는 일이 없기를 바란다.

늘 곁에서 힘이 되어주는 사랑하는 가족, 그리고 촉박한 출간 일정에도 불구하고 이 책의 출간을 위해 고생해주신 원앤원북스 대표님 이하 편집부 직원 여러분께 감사의 인사를 드린다.

김윤석

이 책을 먼저 읽은 분들의 말

회계사, 세무사, 조세 전문가도 복잡해서 어려워하는 부동산 세금! 오랫동안 부동산 세법 강의와 컨설팅을 해온 저자의 실무 경험을 바탕으로 한 절세 전략이 이 책에 모두 들어 있다. 부동산 초보 투자자라면 알아야 할 부동산 세금을 알기 쉽게 풀이한 기초서로 이 책을 적극 추천한다.

고상연_인덕대학교 세무회계학과 교수, 공인회계사

부동산 투자자를 위한 강의를 20년 가까이 해오고 있다. 그런데 마지막에 늘 막히는 부분은 바로 세금이다. 이런 어려움을 알기에 저자에게 한 수 배우고 있었는데 마침 이 책이 나왔다. 일반인들이 실수할 수 있는 간단한 내용부터 꼭 알아야 할 절세 전략을 아주 쉽게 풀어 설명해놓은 책이기에, 부동산 투자를 시작하는 초보자라면 반드시 읽어볼 것을 권한다.

고상철_(주)미스터홈즈 FC 대표이사

수익성 높은 부동산에 투자해 많은 수익을 얻고, 이를 바탕으로 지속적인 재투자를 통해 부동산 사업을 성공적으로 영위하기 위해서는 부동산 관련 세금의 쟁점과 해결방법을 정확하게 이해하고 있어야 한다. 바로 이 책이 부동산 투자자에게 꼭 필요한 세금 문제의 해결방법을 알려줄 완벽한 가이드가 될 것이다.

유용관_비즈세무법인 대표 세무사

30여 년간의 부동산중개업 경험으로 따져 보았을 때, 부동산 세금 문제는 중개업에서 언제나 1순위 검토 사항이다. 이 책은 그만큼 중요한 세금 문제를 친절하고 알기 쉽게 설명한다. 더불어 부동산 투자까지도 책 속에서 해답을 찾도록 돕는다. 공인중개사뿐만 아니라 일반 투자자들도 이 책을 꼭 한번 필독하시길 바란다.

김종언_랜드프로 부동산연구소 소장

바야흐로 부동산 세금 지식을 모르고 투자하면 큰 수익을 내기 어려운 시대가 되었다. 특히 이 책은 실용적인 내용으로 쉽게 구성되어 있기 때문에 부동산 투자자분들에게 혼돈의 부동산 시장의 빛과 소금이 될 지침서라고 자신 있게 말씀드린다.

부동탁_내집마련아카데미 부동산 멘토

차례

1장 부동산 절세, 개념부터 제대로 알아야 성공한다

2장 부동산 세금에는 어떤 것들이 있을까?

3장 주택 투자자를 위한 절세 디테일

4장 상가·오피스텔 투자자를 위한 절세 디레일

5장 토지 투자자를 위한 절세 디레일

6장 상속세와 증여세 절세 디레일

1장

부동산 절세,
개념부터
제대로 알아야
성공한다

부동산 절세란
무엇인가?

최근 자산시장에서 가장 핫한 이슈 중 하나로 부동산 재테크를 꼽을 수 있다. 재테크란 재산과 테크놀로지의 합성어로 재산을 늘리기 위한 다양한 기술을 뜻한다. 직장뿐만 아니라 동호회, 동창회는 물론이고 심지어 처음 만나는 모임에서조차 사람들이 많이 모이는 곳이면 재테크에 대한 대화가 나오기 마련이다. 재산 증식은 현재의 삶을 안정적으로 유지하고 편안한 노후를 대비하기 위해 결코 외면할 수 없는 중요한 과제이기 때문일 것이다.

재테크의 대표적인 수단으로는 예금, 주식, 부동산 등을 들 수 있는데, 이 가운데서도 부동산은 안정적으로 높은 수익률을 기대할 수 있는 재테크 대상으로서 많이 선호된다. 더구나 최근 몇 년간 지속된 서울 아파트의 가격 급등으로 그 어느 때보다 부동산 재테크에 대한 관심이 뜨겁다.

그러나 부동산은 취득 시점부터 보유하고 양도할 때까지 세금이 따라붙기 때문에 이 부분을 고려하지 않고 투자할 경우 투자수익률이 현저하게 낮아질 수 있다. 이처럼 부동산 재테크를 제대로 하기 위해서는 전문가 수준까지는 아니더라도 세금에 대한 기본적인 지식을 필수적으로 갖추어야 한다.

단 며칠 차이가
세금의 큰 차이를 만든다

나몰라 씨는 2018년 2월 1일 서울에 소재하는 주택을 구입했으며 소유하고 있는 다른 주택은 없다. 최근 집값이 1억 원 가까이 오르자 나몰라 씨는 주택을 처분하기로 결정하고 매도계약을 체결했다. 최종 잔금지급일은 2020년 1월 20일로 하려고 한다. 그런데 이때 공인중개사 정아라 씨가 잔금지급일을 2020년 2월 1일 이후로 변경하자고 한다. 정아라 씨는 왜 잔금지급일을 바꾸려고 하는 걸까?

이 사례에서 공인중개사 정아라 씨가 나몰라 씨의 매도계약 잔금지급일을 2020년 2월 1일 이후로 바꾸고자 한 이유는 무엇일까? 바로 양도소득세 때문이다. 나몰라 씨의 주택은 조정대상지역에서 2017년 8월 3일 이전에 구입한 1세대 1주택이므로 2년간 보유할 경우 양도소득세가 부과되지 않는다. 만약 2017년 8월 3일 이후 조정대상지역에서 주택을 구입했다면 2년 이상 보유·거주 조건을 만족해야 비과세 혜택을 볼 수 있다.

그렇다면 나몰라 씨가 주택을 구입한 날부터 2년이 되는 시점인 2020년 2월 1일에 양도할 경우와 본래 계획대로 2020년 1월 20일에 양도할 경우 세금 차이는 얼마나 될까? 2020년 2월 1일에 양도한다면 나몰라 씨의 양도소득세는 '0원'이다. 그러나 2020년 1월 20일에 양도할 경우에는 불과 며칠 차이 때문에 약 2,100만 원(지방소득세 포함)의 양도소득세를 납부해야 한다. 실로 어마어마한 차이가 아닐 수 없다.

사실 1세대 1주택 비과세 요건은 많이 알고 있는 내용인 데다 나몰라 씨처럼 공인중개사가 알아서 체크해주기도 한다. 하지만 간혹 공인중개사를 통해 거래했는데도 양도소득세 비과세 요건을 확인하지 못하고 매도해 엄청난 양도소득세를 납부하는 경우도 있다. 최근 몇 년간 잦은 개정으로 세법이 많이 복잡해진 이유도 있고, 매도인이 공인중개사에게 잘못된 정보를

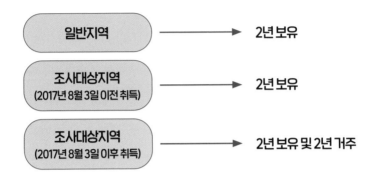

1세대 1주택 비과세 요건

일반지역	→	2년 보유
조사대상지역 (2017년 8월 3일 이전 취득)	→	2년 보유
조사대상지역 (2017년 8월 3일 이후 취득)	→	2년 보유 및 2년 거주

제공한 경우에도 이러한 일이 발생한다. 그러므로 자신의 재산을 스스로 지키기 위해서라도 세금에 대한 기본지식을 습득하려고 노력해야 한다.

그럼 부동산 세금을 아끼려면 어떻게 해야 할까? 부동산 투자는 부동산을 취득하고 일정 기간 소유하다가 매도하는 순환 과정을 거친다. 취득에서 매도에 이르기까지 모든 과정에 세금이 따라붙는다. 부동산 취득 시에는 취득세, 보유 시에는 재산세와 종합부동산세, 매도 시에는 양도소득세가 발생한다. 이렇게 모든 과정에서 발생하는 세금을 조금이라도 줄이기 위해서는 부동산 투자계획을 세울 때 지출이 예상되는 세금의 규모를 미리 파악해야 한다. 만일의 상황에 대비할 수 있도록 최대한 절세할 수 있는 계획을 짜는 것이야말로 부동산 재테크로 최대의 성과를 올릴 수 있는 현명한 방법이다.

부동산 세금의 종류가 워낙 많고 복잡해 일일이 계산하기 어려울 수 있다. 그럴 때는 인터넷 사이트 '부동산계산기(부동산계산기.com)'를 이용하면 된다. 세금에 대한 전문적인 지식이 없는 사람도 어렵지 않게 세금의 규모를 미리 파악할 수 있다.

탈세와 절세를
구분하자

간혹 부동산 세금을 줄이는 방법으로 절세가 아닌 탈세를 선택하는 사람도 있다. 그러나 법령을 위반해 세금을 부당하게 줄이는 탈세는 명백한 불법이다.

부동산 거래에서 대표적인 탈세의 방법인 업(up)계약이나 다운(down)계약에 대해 많이 들어봤을 것이다. 실제 매매금액보다 높게 신고하는 것을 업계약이라 하고, 낮추어 신고하는 것을 다운계약이라고 한다. 업계약은 부동산시장 침체기에 주로 매수자의 요구로 이루어지는데, 매수자의 취득가액을 증가시켜 나중에 매도할 때 양도차익을 줄이는 효과가 있다. 다운 계약은 부동산시장 성수기에 주로 매도자의 요구로 이루어지며, 매도자의 양도가액을 감소시켜 양도차익을 줄이는 효과가 있다. 매도자 입장에서는 양도차익이 줄어들기 때문에 양도소득세도 당연히 줄어들게 된다. 그러나 매수인 입장에서 취득가액이 줄어드는 것은 나중에 양도차익이 늘어나는 것을 의미하므로 세금 면에서 불리하다.

업계약이나 다운계약이 너무나 공공연하게 이루어지고 있어서 절세인지 탈세인지 구분하지 못하는 사람도 있을 것이다. 실제로 오프라인에서 강의를 하다 보면 많은 사람이 탈세와 절세를 구분하지 못하고, 세금만 줄일 수 있으면 무조건 절세라고 생각하는 경우가 많아 안타깝다.

탈세와 절세에는
어떤 차이가 있는가?

탈세와 절세 모두 세금을 줄일 수 있다는 점에서는 일치한다. 그러나 탈세는 법을 위반해 세금을 줄이는 방법으로 불법이다. 불법적으로 세금을 줄이면 언제 터질지 모르는 '세무조사'라는 시한폭탄을 안고 살아가는 것이나 다를 바 없다.

정보기술의 발달과 함께 불법적인 거래나 탈세를 적발하기 위한 시스템도 발전해나가고 있다. 앞에서 언급한 업·다운 계약은 국토교통부에서 개발해 가동 중인 부동산거래관리시스템(RTMS; Real estate Trade Management System)으로 실시간 모니터링되어 법망을 빠져나가기 어려워졌다. 부동산거래관리시스템이란 인터넷으로 편리하게 부동산 거래를 신고할 수 있도록 편의를 제공하고 이를 바탕으로 주택매매 거래와 전월세 신고 정보를 취합해 부동산 거래의 투명성을 높여주는 시스템으로, 국세통합시스템(TIS; Tax Integration System)과 연계되어 있다. 국세통합시스템은 개인의 소득과 재산 보유 현황 등을 모두 축적·관리하는 시스템이다. 정부 각 부처에 흩어져 있는 자료는 물론이고 예금 규모도 간접적으로 추정이 가능해 그 위력이 가히 놀랄 만하다.

불법이 의심되어 세무조사를 받게 되면 각종 과태료와 가산세 등의 행정적인 불이익이 따라오므로 경제적 손실은 물론이고 시간적·정신적으로 힘들고 어려운 시간을 견뎌야 한다. 최근 서울의 주택가격 급등으로 인해 주택 구입자금 출처에 대한 조사가 강화되고 있다. 부모님이나 지인에게서 자금을 빌렸을 경우 자금을 빌려준 상대방도 세무조사의 대상이 될 수 있어 각별히 주의해야 한다.

절세와 탈세의 구분

| 절세 → 합법 → | 비과세, 세금 감면, 필요경비의 적격증빙 등 |
| 탈세 → 불법 → | 업·다운계약서, 허위증빙 등 |

반면 절세란 합법적으로 세금을 줄이는 기술이다. 예를 들어 경매로 낙찰받은 노후한 빌라를 현대적인 디자인과 실용적인 설계로 리모델링해 가치를 높인 뒤 높은 가격으로 매도하는 방법은 합법적인 절세 기술이다. 그 이유는 건물의 가치를 높이는 데 소요된 비용은 모두 필요경비로 인정받기 때문이다. 필요경비로 지출된 금액만큼 양도차익이 줄어들고 결과적으로 양도소득세가 절감된다. 따라서 합법적이고 안전한 방법으로 세금을 줄이고 싶다면 탈세와 절세를 명확하게 구분할 줄 알아야 한다. 그래야 안정적으로 투자수익을 올릴 수 있다.

부동산 세금은 크게
국세와 지방세로 나뉜다

우스갯소리로, 우리가 살아가면서 평생 해야 할 일이 있다면 그것은 바로 돈을 버는 일과 세금을 내는 일이라고 할 수 있다. 예를 들어 아파트를 분양받아 시세가 올랐다면 그만큼 돈을 벌 수는 있지만 동시에 세금이 귀신처럼 따라붙게 된다. 귀신처럼 따라붙는 세금을 모르거나 외면한다면 눈뜬장님이 되는 것이다. 복잡하다는 인식이 앞서 외면하고 싶겠지만, 세금은 우리가 돈을 벌 때마다 따라붙어 투자수익에 큰 영향을 미치기 때문에 꼭 알아두어야 한다.

국세와 지방세의
개념을 알아두자

세금을 낼 때는 모두 국가에 낸다고 생각하기 쉽지만, 세금은 크게 국가에 내는 국세와 지방자치단체에 내는 지방세로 분류할 수 있다.

국세란 국방, 치안, 도로, 철도, 국민복지 등 국가의 살림살이를 위한 재정수요를 충당하기 위해 국민에게서 거두어들이는 세금을 말한다. 부동산과 관련된 국세에는 부동산 임대료에 대한 임대소득세, 부동산을 보유하고 있는 동안 납부하는 종합부동산세, 부동산 매도 시 발생한 차익에 대한 양도소득세, 부모님에게서 부동산을 물려받을 때 부담하는 상속세와 증여세 등이 있다.

지방세란 시·군·구청이 주민복지, 주민 편의시설 등 지역의 살림살이를 위한 재정수요를 충당하기 위해 주민에게서 거두

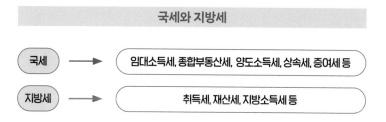

국세와 지방세

| 국세 | → | 임대소득세, 종합부동산세, 양도소득세, 상속세, 증여세 등 |
| 지방세 | → | 취득세, 재산세, 지방소득세 등 |

어들이는 세금을 말한다. 부동산과 관련된 지방세에는 토지·건축물·주택 등을 구입할 때 내는 취득세와 구입한 토지·건축물·주택 등을 소유하고 있는 동안 부담하는 재산세 등이 있다. 또한 부동산임대소득세·양도소득세의 10%에 해당하는 지방소득세도 지방세에 해당한다.

앞서 소개한 사례에서 나몰라 씨가 주택을 2년 미만 보유하고 매도했을 때 양도소득세 1,922만 5천 원이 국세이고, 양도소득세의 10%인 지방소득세 192만 2,500원이 지방세다. 이렇듯 투자수익률을 계산할 때는 국세뿐 아니라 지방소득세도 반드시 고려해야 한다.

부동산 세금을 알려면
용어부터 알아야 한다

대부분의 사람들은 세금이라고 하면 복잡하고 어렵다고 생각해 세금 이야기만 나오면 고개를 절레절레 흔들곤 한다. 막상 알고 보면 매우 간단한 내용일지라도 말이다. 그 이유는 세금 용어 자체가 일상생활에서 사용하지 않는 전문용어이다 보니 뇌에서 외계어로 인지하기 때문이다. 세금의 'ㅅ'자만 들어도 콘크리트 벽을 쌓듯 철벽 방어해 머리가 꽉 막혀버리는 것이다. 하지만 절세를 통해 성공적인 부동산 투자를 이루고자 한다면 최소한의 세금 기본용어를 익히고 익숙해질 필요가 있다.

부동산 초보 투자자가 꼭 알아야 할 주요 세금 용어를 정리해보았다. 초보자라면 '드디어 올 게 왔구나!' 하는 생각에 거부감이 들고 외면하고 싶을지도 모른다. 그러나 여기서 다루는 용어들은 세금에 대해 궁금한 내용을 찾아보거나 기사를 읽을 때 자주 나오는 것들이다. 구체적으로 어떤 상황에 쓰이는지 속뜻까지 다 외우진 않더라도 기본적인 개념은 알아두어야 한다. 한번 그 의미를 알아둔다면 어느새 이러한 용어들이 친숙하게 느껴질 것이다.

납세의무자란
무엇인가?

> 조미경 씨는 아버지의 사망으로 어머니, 남동생과 함께 재산을 상속받고 상속세를 신고했다. 어머니의 상속세는 850만 원이고, 남동생과 조미경 씨의 상속세는 570만 원이다. 남동생은 몇 년간 사업이 어려워 상속을 받고도 상속세를 납부하지 못하고 있다. 남동생이 납부하지 못한 상속세는 어머니와 조미경 씨가 대신 납부해야 한다는데, 사실일까?

납세의무자란 한마디로 '세금을 납부할 의무가 있는 자'를 말한다. 더 쉽게 말하면 세금을 납부해야 하는 사람이다. 모든 소

납세의무자의 유형

납세의무자	과세대상별로 분류되는 납세의무자. 일반 개인이나 개인·법인(기업)사업자 등을 납세의무자로 하고 있다.
제2차 납세의무자	납세의무자가 납세의무를 이행할 수 없을 때 납세의무자와 특수관계에 있는 자로서 본래의 납세의무자를 대신해 납세의무를 지는 자를 말한다. 예: 법인의 과점주주(50% 초과 주식 소유)
연대 납세의무자	하나의 납세의무에 대해 각각 전액의 납세의무를 지는 2인 이상의 납세의무자. 공동사업을 운영하는 경우 등이 이에 해당한다. 예: 상속세, 증여세

득에는 세금이 따라붙는다. 금융소득, 부동산소득, 근로소득, 복권당첨소득, 경품당첨소득 등 소득의 유형을 불문하고 소득이 생긴 사람에게는 세금을 납부해야 하는 의무가 자동으로 발생한다.

그런데 어떠한 사정에 의해 본래의 납세의무자에게서 세금을 징수하기 곤란하거나 본래의 납세의무자가 세금을 납부하지 못한 경우에는 2차적으로 세금을 납부하는 의무를 지는 제2차 납세의무자 또는 연대 납세의무자가 대신 세금을 납부해야 한다. 대표적인 예로 상속세 및 증여세법에서 공동상속자(수증자)에 대한 연대 납세의무 규정을 들 수 있다.

만일 상속인 중 1인이 상속세 및 증여세를 납부하지 못할 경우 공동상속자(수증자)는 연대해 납세의무를 진다. 따라서 이

사례에서 조미경 씨는 상속세에 대해 연대 납세의무가 있으므로, 만일 남동생이 상속세를 납부하지 못한다면 어머니와 조미경 씨가 대신 상속세를 납부할 의무가 있다.

과세대상이란 무엇인가?

김혜원 씨는 얼마 전에 상가를 구입했다. 최근 들어 보유세를 강화하는 정부정책에 대한 소식이 계속 들려오면서 상가에 대한 보유세가 부담스럽지는 않을지 걱정이다. 김혜원 씨가 상가를 보유하면서 부담하게 될 보유세로는 어떤 것이 있을까? 또 정부의 보유세 강화 방침은 김혜원 씨에게도 해당될까?

과세대상은 과세객체라고도 하는데 세금이 부과되는 대상을 말한다. 세금이 부과되는 대상은 물건이나 행위, 소유재산, 소득 등 여러 가지가 있을 수 있는데 법에 구체적으로 정해져 있다. 예를 들어 토지·건축물의 취득행위는 취득세 과세대상으로 명시되어 있으며, 토지·건축물을 양도하면서 발생하는 양도차익은 양도소득세 과세대상으로 명시되어 있다. 건축물(주택 제외)은 재산세 과세대상이지만 종합부동산세 과세대상이 아니므로 종합부동산세 납세의무는 없다.

과세대상의 예시

구분	재산세	종합부동산세
건축물	O	X
주택	O	O
토지	O	O

① 행위: 취득세(취득행위), 등록면허세(등기·등록행위), 부가가치세(소비행위)

② 재산: 재산세, 종합부동산세, 상속세, 증여세

③ 소득: (양도)소득세, 법인세

이 사례에서 김혜원 씨가 구입한 상가를 토지와 건축물로 나누어 생각해보자. 건축물과 토지는 모두 재산세 과세대상이므로 김혜원 씨는 건축물과 토지에 대한 재산세를 납부해야 한다. 그러나 종합부동산세는 사정이 다르다. 건축물은 종합부동산세 과세대상이 아니며, 사업용으로 쓰이는 토지는 과세대상(별도합산과세 대상)이지만 공시가격 80억 원이 넘어야 과세된다. 그래서 대부분의 상가는 종합부동산세의 납세의무가 생기지 않는다.

과세표준이란
무엇인가?

이상훈 씨는 2년 미만으로 보유한 상가를 매도하려고 한다. 취득가액은
4억 원이며 5억 원에 매도하길 원한다. 2년 미만 보유 후에 매도할 경우 양
도소득세율이 40%라고 하는데 취득세, 공인중개사 보수, 세무사 수수료,
상가 리모델링 비용으로 5천만 원을 지출했기에 세금으로 4천만 원을 납
부한다는 게 여간 억울한 게 아니다. 이상훈 씨의 양도소득세는 정말 4천
만 원일까?

과세표준이란, 세법에 의해 직접적으로 세액산출의 기초가 되
는 과세물건의 수량(종량세) 또는 가액(종가세)을 말하는 것이
다. 대부분의 세금은 투자활동 등을 통해 얻은 수입금액을 기
준으로 사용된 지출금액을 차감해 과세표준을 정하고 있으며,
과세표준에 세율을 곱해 계산한 값을 납부해야 할 세금으로 정
하고 있다.

만약 부동산에 투자해 부동산 구입금액 대비 1억 원의 수
익이 발생했고 세율이 10%라고 가정해보자. 이때 부담해야 할
양도소득세는 1천만 원일까? 1억 원의 수익이 발생했지만 법
에서 인정해주는 경비 지출과 장기보유특별공제, 기본공제를
하고 난 후의 금액이 과세표준이 되고, 여기에 10%의 세율을

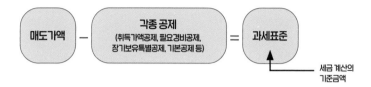

양도소득세의 과세표준

매도가액 − 각종 공제 (취득가액공제, 필요경비공제, 장기보유특별공제, 기본공제 등) = 과세표준

세금 계산의 기준금액

적용하므로 실제 세금은 1천만 원보다 적은 금액이 된다. 근로 소득의 경우에도 연봉에 세율을 적용하는 것이 아니라, 법에서 정하고 있는 공제 항목들을 차감하고 난 후의 금액의 과세표준 에다 세율을 곱해 적용한다. 따라서 수익·소득과 과세표준은 다른 의미이며, 정확한 세액산출을 위해서는 과세표준을 계산 할 줄 알아야 한다.

이 사례에서 이상훈 씨의 과세표준을 구해보자. 이상훈 씨 가 상가를 구입하고 보유하는 동안 지출한 취득세, 공인중개사 수수료, 세무사 수수료, 리모델링 비용 등은 모두 공제 가능한 비용들이다. 따라서 이상훈 씨의 과세표준은 매도가격 5억 원 에서 취득가액 4억 원과 각종 공제액 5천만 원, 법으로 정해진 기본공제액 250만 원을 차감한 4,750만 원이다. 즉 이상훈 씨 의 양도소득세는 1억 원에 40%를 곱해서 구하는 것이 아니라 과세표준 4,750만 원에 40%를 곱해서 구해야 한다. 그러면 내 야 할 세금은 1,900만 원이 된다.

세율에도
여러 종류가 있다

세율이란, 세액을 산출하기 위해 과세표준에 곱하는 비율을 말한다. 세율은 표시방법에 따라 정률세율과 정액세율로, 과세표준의 크기에 따라 비례세율과 누진세율로 구분할 수 있다. 또한 세율은 세금의 종류에 따라 항목별·금액별로 적용되는 세율이 다르다. 이렇게 보면 세율은 너무 복잡하고 이해도 되지 않을 것 같다. 하지만 인터넷에 원하는 종류의 세금 계산기를 검색하면('양도소득세 계산기' 등) 어렵지 않게 세금을 계산할 수 있으니 걱정하지 않아도 된다. 세율은 과세표준에 곱해지는 비율이라고만 알고 있어도 충분하다.

▼ 세율의 표시방법에 따른 분류

① 정률세율

백분율(%)로 표시되는 세율로, 과세표준이 종가세로 이루어지는 세목이 이에 해당한다. 근로소득세, 취득세, 재산세, 양도소득세, 종합부동산세, 상속세, 증여세 등 우리가 일반적으로 접하는 대부분의 세금이 종가세와 정률세율로 이루어져 있다.

종가세, 종량세, 정률세율, 정액세율

대부분의 조세는 종가세와 정률세율 방식을 취하고 있다. 예를 들어 상가 등의 건물을 매입할 때 상가 매입금액을 1억 원이라고 가정하면, 취득세는 '1억 원(종가세)×4%(정률세율)'로 계산한다.

종량세는 일부 세목에만 적용된다. 예를 들면 지목(땅의 이름) 변경을 하려면 변경등기를 해야 하는데, 이럴 때 세액은 '변경등기 1건(종량세)×6천 원(정액세율)'으로 계산하며 종량세와 정액세율이라는 용어를 사용하고 있다.

구분	해당 조세
종가세	대부분의 조세
종량세	등록면허세 중 일부, 지역자원시설세 중 일부

② 정액세율

화폐단위(원)로 표시되는 세율로서 과세표준이 종량세로 이루어지는 세목이 이에 해당한다.

▼ 과세표준 크기와 변화에 따른 분류

① 비례세율

비례세율이란 과세표준의 크기에 관계없이 일정하게 정해진 세율을 말하는 것으로, 단순비례세율과 취득·등록 면허세처럼 과세대상에 따라 비례세율이 두 가지 이상으로 적용되는 차등 비례세율이 있다.

② 누진세율

과세표준이 커질수록 점차 높아지는 세율을 말하는 것으로, 단순누진세율과 초과누진세율이 있다. 단순누진세율은 과세표준이 증가함에 따라 그 전체에 대해 단순하게 고율의 세율을 하나씩 적용하는 방식이다. 초과누진세율은 과세표준의 금액을 여러 단계로 구분하고 높은 단계로 올라갈 때마다 순차적으로 각 초과단계마다 더 높은 세율을 적용하는 방식이다.

납세지란 무엇인가?

부산 해운대에 거주하고 있는 이부산 씨는 최근 서울 종로구에 소재하는 오피스텔을 구입했다. 이부산 씨가 오피스텔의 취득세를 신고하고 납부해야 하는 과세관청은 부산 해운대구청일까, 서울 종로구청일까?

납세지란 납세자의 신고, 신청, 청구 및 납부 등의 관할관청이

국세와 지방세의 납세지

국세	종합부동산세, 소득세 등은 개인의 주소지
지방세	취득세, 재산세 등은 물건의 소재지

어디인가 하는 장소적 기준을 말한다. 세금을 신고하거나 납부할 때 과세관청이라고 아무 데나 가서 신고하고 납부하는 것이 아니라 반드시 기준장소의 관할 과세관청에 신고하거나 납부하도록 되어 있다.

세금을 신고할 경우 국세는 홈택스(www.hometax.go.kr), 지방세는 위택스(www.wetax.go.kr) 홈페이지를 이용해 전자신고와 우편신고가 가능하다. 납부 또한 가까운 은행에 직접 납부하거나 전자납부, ARS 등으로도 가능하므로 납세자가 직접 과세관청에 가서 신고하거나 납부해야만 하는 것은 아니다. 다만 신고서나 납부서를 작성할 때 과세관청이 어디인지 기재하도록 되어 있는데 이를 정확하게 기재해야 올바르게 신고·납부가 되었다고 볼 수 있으니 잘 확인해야 한다.

이 사례에서 이부산 씨가 취득세를 신고·납부해야 할 곳은 서울 종로구청이다. 취득세는 지방세에 해당하며 취득하는 물건의 소재지를 납세지로 하고 있으므로 새로 매입한 오피스텔의 소재지인 종로구청에 취득세를 신고·납부해야 한다.

신고 및 납부기한을
놓치지 않게 주의하자

정아라 씨는 구입한 지 2년이 채 안 되는 상가를 6월 10일(잔금지급일)에 매도했다. 그렇다면 정아라 씨는 언제까지 양도소득세를 신고하고 납부해야 하는가?

모든 세금은 신고하고 납부해야 하는 기한이 법으로 정해져 있다. 이를 세법에서는 신고 및 납부기한이라고 하며 세금의 종류에 따라 그 기한이 각각 다르다. 법에서 정한 신고·납부기한을 지키지 않을 경우 가산세가 추가되는 불이익이 있으므로 주의해야 한다. 자신이 내야 할 세금의 신고·납부기한을 미리 확인하고 준비할 필요가 있다.

이 사례에서 정아라 씨는 상가 매도일 6월 10일(잔금지급일)이 속하는 달의 말일인 6월 30일부터 2개월 후인 8월 31일까지 양도소득세를 예정신고하고 납부해야 한다. 만일 정아라 씨가 같은 해에 상가 외의 다른 부동산을 매도했다면 합산해서 다음 해 5월 1일부터 5월 31일까지 확정신고를 해야 한다.

주요 부동산 세금 유형별 신고 및 납부기한은 다음 표에 정리해두었으니 참고하길 바란다.

국세와 지방세의 납세지

구분			신고 및 납부기한	비고
취득세			취득일로부터 60일 이내	상속에 따른 취득의 경우 상속개시일이 속하는 달의 말일로부터 6개월 이내(다만 상속인 중 외국에 주소를 둔 경우는 9개월 이내)
등록면허세			등기·등록 전 (등기접수일까지)	—
재산세	토지·주택분 1/2		9월 16일~9월 30일 (고지·납부 기한)	주택에 대한 재산세 산출세액이 20만 원 이하인 경우에는 납기를 7월 16일부터 7월 31일까지로 해 한꺼번에 부과·징수할 수 있음
	건축물· 선박·항공기 및 주택분 1/2		7월 16일~7월 31일 (고지·납부 기한)	
종합부동산세			12월 1일~12월 15일 (고지·납부 기한)	원칙적으로 고지·납부 방식이지만, 종합부동산세를 신고납부방식으로 납부하고자 하는 경우의 법정신고납부·기한도 동일함
양도 소득세	예정신고	부동산	양도일이 속하는 달의 말일로부터 2개월 이내	부담부증여의 경우 3개월 이내
		주식	양도일이 속하는 반기의 말일로부터 2개월 이내	
	확정신고		양도일이 속하는 연도의 다음 해 5월 1일부터 5월 31일까지	—

초과 납부한 세금도
돌려받을 수 있다

부동산 세금도 직장인에게 '13월의 월급'이라 불리는 연말정산 환급과 같은 환급규정이 있어 세무서나 지방자치단체에 납부한 세금을 되돌려받을 수 있다. 환급규정이란, 납세의무자가 착오로 세금을 과다하게 납부하거나 과세관청이 잘못 부과해 세금을 과다하게 납부하는 경우, 그 외 기타 사유로 환급세액이 발생하는 경우 세금을 돌려받게 되는 것이다. 한편 납세자나 과세관청의 착오가 없는데도 환급세액이 발생하는 경우가 있는데 바로 사업자의 부가가치세 환급이 여기에 해당한다.

쉽게 예를 들어 임대할 목적으로 업무용 오피스텔을 분양 받는 과정에서 계약금을 지불하고, 일반 임대사업자 등록을 한 경우에는 분양 과정에서 납부했던 부가가치세를 환급받을 수 있다.

세금 환금방법을
상세히 알아보자

조아라 씨는 업무용으로 등록되어 있는 오피스텔을 3월에 구입해 주거 용도로 사용하고 있다. 오피스텔에 대한 재산세를 납부하고 2개월 후에 오피스텔을 주거용으로 사용할 경우 주택으로 보아 주택에 대한 재산세가 과세된다는 사실을 알고 오피스텔의 용도를 업무용에서 주거용으로 변경 신청했다. 조아라 씨가 오피스텔을 주거용으로 변경하면서 세금이 줄어든 경우 초과 납부한 재산세를 환급받을 수 있을까?

초과 납부한 세금을 환급받는 방법은 세금의 종류에 따라 다르다. 먼저 국세라면 국세청 홈택스에 접속해 회원가입을 한 뒤 공인인증서를 등록해야 한다. 그다음 신고납부란에 들어가서 신청하면 간단히 환급신청을 할 수 있다. 지방세는 위택스에 접속해 회원가입을 하고 환급신청을 할 수 있다.

건축물과 주택의 재산세 계산구조

구분	과세표준	세율
건축물	시가표준액×70%	0.25%
주택	시가표준액×60%	0.1~0.4% (단 9억 원 이하의 1세대 1주택자는 0.05~0.35%)

이 사례에서 조아라 씨의 오피스텔은 실제 주거용으로 사용하고 있더라도 건축법상 주택이 아니므로 건축물에 대한 재산세가 부과된다. 건축물에 대한 재산세는 주거용에 비해 부담이 더 클 수 있는데, 실제 주택으로 사용한다면 오피스텔을 주거용으로 변경해 초과 납부한 재산세를 환급받을 수 있다. 재산세는 지방세에 해당하므로 해당 시·군·구청이나 위택스에서 환급신청을 하면 된다.

• 1장의 핵심내용 •

탈세와 절세

탈세와 절세는 모두 세금을 줄일 수 있는 방법이지만, 탈세는 불법이고 절세는 합법적으로 세금혜택을 본다는 점에서 분명한 차이가 있다. 공공연히 행해지는 업계약이나 다운계약은 명백한 탈세의 대표적인 예다. 반면 노후한 빌라를 경매로 낙찰받아 리모델링 후 높은 가격으로 매도하는 것은 절세 기술이라 할 수 있다. 탈세는 적발될 경우 과태료과 가산세 등 불이익이 뒤따르기 때문에 탈세와 절세를 명확히 구분해야 한다.

국세와 지방세

국세는 국방, 치안, 도로, 국민복지 등 국가의 살림살이를 위해 거두는 세금이며, 지방세는 시·군·구청이 주민복지, 주민 편의시설 등 지역 살림살이를 충당하기 위해 거두는 세금이다. 임대사업소득세, 종합부동산세, 양도소득세, 상속세, 증여세 등은 국세이고, 취득세, 재산세, 지방소득세 등은 지방세로 분류된다.

납세의무자

세금을 납부할 의무가 있는 사람을 말한다. 납세의무자(일반 개인이나 법인), 제2차 납세의무자(납세의무자가 의무를 이행하지 못할 때 특수관계에 있어 대신해 납세해야 하는 사람), 연대 납세의무자(하나의 납세의무에 대해 각각 전액의 납세의무를 지는 사람)가 있다.

과세대상

세금이 부과되는 대상을 말한다. 행위(취득세, 등록면허세, 부가가치세), 재산(재산세, 종합부동산세, 상속세, 증여세), 소득(소득세, 법인세)에 대해 세금이 부과되는 것이다.

과세표준

세법에 의해 직접적으로 세액산출의 기초가 되는 과세물건의 수량(종량세) 또는 가액(종가세)을 말한다. 대부분의 세금은 가액을 기준으로 과세표준을 정하고, 과세표준에 세율을 곱해 계산한 금액이 세금이다.

납세지

납세지란 납세자의 신고, 신청, 청구 및 납부 등을 담당하는 관할관청을 말한다. 세금을 신고하거나 납부할 때 아무 데서나 하는 게 아니라 반드시 관할 과세관청에 신고하거나 납부하도록 되어 있다.

신고 및 납부기한

세금 종류별로 신고 및 납부기한이 다르며 기한을 지키지 않을 경우 가산세가 붙을 수 있으니 미리 확인하고 신고·납부기한을 지켜야 한다.

세금 환급

납세의무자가 착오로 세금을 과다하게 납부하거나 과세관청이 잘못 부과해 세금을 과다하게 납부하는 경우, 기타 사유로 환급세액이 발생하는 경우 세금을 돌려받게 된다. 국세는 홈택스에서, 지방세는 위택스에서 환급신청을 할 수 있다.

2장

부동산
세금에는
어떤 것들이
있을까?

부동산 투자,
어떻게 시작할까?

부동산 세금을 본격적으로 다루기 전에 먼저 부동산 투자에 대해 이야기해보도록 하겠다. 아주 기본적이고 간단한 정보지만 처음 부동산 투자를 시작하는 사람이라면 꼭 알아야 하는 내용이다. 부동산 투자지식을 익힐 수 있는 책들이 시중에 많이 나와 있고, 보다 다양한 부동산 투자에 대한 관점은 다른 책과 매체를 통해 공부하면 된다. 여기서는 부동산 투자를 시작하기 전에 염두에 둘 것들만 간단히 정리해보았다.

부동산 공부를
지금 당장 시작하자

부동산 초보 투자자라면 신문이나 방송에 나오는 부동산 용어들이 어렵게 느껴질 수 있다. 예를 들어 용적률, 건폐율, 공시지가, 시가표준액, 기준시가, 보존등기 등 수많은 부동산 용어들이 있는데, 이것들을 모르면 투자를 시작할 수조차 없다. 투자를 위해서가 아니라 손해 보고 살지 않기 위해서라도 부동산 용어는 필수적으로 공부해둘 필요가 있다.

부동산 공부는 각종 부동산 정보 뉴스를 진행하고 있는 부동산 전문 방송이나 사이트를 보는 것부터 시작하면 좋다. 부동산 강의를 진행하고 있는 카페 모임이나 부동산 실무를 전문적으로 가르쳐주는 부동산 실무학원을 다니는 것도 좋은 방법이다. 다만 어느 정도 부동산시장을 보는 눈이 생긴 뒤에는 매체에 나오는 정보나 강사가 하는 이야기가 100% 믿어도 되는 내용인지 고민해볼 필요가 있다. 광고를 정보인 것마냥 교묘하게 쓴 기사도 있고, 스타 강사라고 해서 모든 지역과 정보를 다 아는 건 아니기 때문이다.

투자금이 없어 당장 투자하지는 못하더라도 항상 부동산시장에 관심을 가지고 있어야 한다. 공부를 충분히 해두지 않으면 막상 종잣돈이 모여도 바로 투자를 시도할 수 없기 때문이다. 그래서 관련 뉴스를 매일 거르지 말고 접해야 하며, 부동산 공부를 게을리해선 안 된다. 부동산 공부에는 세금지식을 얻는 것까지 포함된다.

자신과 가장 잘 맞는 부동산을 정하면 유리하다

부동산은 종류가 다양하고 방대하다. 주택 투자만 예를 들어 보더라도 재개발·재건축 투자, 단독주택 리모델링 투자, 아파트 투자, 소형주택만을 임대 목적으로 매매하는 투자, 경매를 통한 주택 투자 등 선호하는 투자 유형이 사람마다 다르고 잘하는 분야도 다르다. 관심 있는 분야가 토지인지, 아파트인지, 분양권이나 재개발·재건축 입주권인지, 그도 아니면 수익형부동산인 상가나 오피스텔 또는 도시형 생활주택인지를 확실히 정하는 것이 좋다. 얼핏 보기에는 다 같은 부동산이지만 자금의 규모나 수익의 흐름 등이 다르고, 장단점도 전부 다르다. 토지 투자처럼 상당한 안목을 요구하는 분야도 있다. 따라서 먼저 자신에게 더 잘 맞는 분야를 찾고 꾸준히 연구해야 한다.

종잣돈을 모으며
부동산 정보에 귀 기울이자

모든 투자가 그러하듯이 부동산 투자 또한 기본적으로 투자금이 필요하다. 대출을 이용한다 해도 어느 정도의 투자금은 있어야 하기에 종잣돈을 모으는 것은 기본이다. 사실 회사에서 받는 월급으로 한 달 생활비를 충당하기에도 빠듯한 일반 서민이 투자금을 모으기란 쉽지 않다. 독한 마음으로 커피 한 잔, 담배 한 갑, 교통비 등 소소한 비용이라도 줄여가면서 종잣돈을 모아야 한다. 푼돈 모아 언제 부동산 투자를 하나 싶겠지만 꾸준히 하다 보면 결국엔 모아진다.

부동산 투자 붐이 일어나는 성수기에는 가만히 있어도 어느 지역, 어느 부동산에 투자수요가 몰리고 있다는 뉴스가 나오고, 인터넷 카페나 지인들에게서 투자 이야기를 들을 수 있다. 그때는 자연스럽게 관심이 생기기 시작할 것이다. 그러다가 비수기로 들어서면 부동산에 대한 이야기가 화젯거리에서 멀어지고 부동산 투자는 이제 하면 안 된다는 식의 이야기가 들려온다. 그러나 이때야말로 바로 투자 적기인 경우가 많다. 모두가 외면할 때 투자한다면 다시 부동산 성수기가 찾아왔을 때 남들보다 더 많은 투자수익을 얻을 수도 있을 것이다.

부동산시장도 주식시장과 마찬가지로 늘 호황인 것도 아니고 늘 바닥인 것도 아니다. 종잣돈이 마련되었다면 언제든지 눈여겨보며 기다리고 있다가 관심 있는 부동산이 생겼을 때 실행에 옮기면 된다. 앞에서도 언급했지만 종잣돈이 있다고 해서 바로 투자에 들어갈 수 있는 것은 아니기에 늘 부동산시장에 관심을 가지고 관련 지식과 정보를 미리 숙지해두는 것이 좋다.

투자지역은 집에서
가까운 곳부터 살펴보자

부동산 투자는 전국을 대상으로 한다. 요즘은 외국에 투자하는 사례도 늘고 있어 이제는 세계를 대상으로 한다고 해도 과언이 아니다. 국내 부동산 투자의 경우 투자하기 유망한 곳은 기본적으로 서울이라고 보지만 지역별로도 유망지역이 있다. 교통, 공원 조성, 산업단지 조성 등 개발 호재도 다양하다. 이처럼 투자 범위가 매우 넓다 보니 투자지역을 한정하기도 힘들고 위험부담도 커질 수밖에 없다.

최근 몇 년간은 서울 아파트 가격이 급격히 상승하면서 지방에서도 서울 아파트에 투자하는 경우가 많아졌다. 그런데 거리가 멀어 오가는 데 한계가 있다 보니 직접 임장(현장답사)을 하지 않고 서울 아파트는 무조건 된다는 믿음만으로 가격대만 고려해 투자하는 경우도 더러 있다. 이는 실로 위험한 투자방법이다. 서울 대부분의 아파트 가격이 상승했지만 서울의 모든 아파트 가격이 급격히 상승한 것은 아니다. 더구나 이렇게 지방에서 서울 아파트에 원정 투자하는 시기는 이미 가격이 상당히 오른 후일 가능성이 높다. 부동산은 유동성이 크지 않은 상품이라 일단 구입해서 적어도 1년 이상은 가지고 있는다는 생각으로 투자해야 하는데, 정부정책이나 경제상황 등으로 인해 언제든 조정의 위험이 도사리고 있으므로 조심해야 한다.

또한 여기에 기획부동산의 유혹까지 더해지면 부동산 투자에 대한 리스크는 훨씬 더 커진다고 볼 수 있다. 이제 막 부동산 투자에 첫발을 뗀 투자자가 이러한 위험을 줄이기 위해서는 본인이 잘 알고 있는 지역에 투자하는 것이 가장 안전하다.

그렇다면 어떻게 투자하는 것이 좋을까? 우선 집에서 가까운 지역을 중심으로 자신이 관심을 가지고 있는 아파트나 주택, 토지, 상가 등 매물의 가격변동 추이를 지켜보는 것이 좋다. 자신이 살고 있는 지역이므로 유동인구, 사람들의 동선, 생활수준, 인프라 등을 잘 알고 있으니 적정가격선의 추정이 가능하다. 그러면 매매물건이 나왔을 때 물건의 투자가치를 올바르게 판단할 수 있고 투자의 위험성을 더 줄일 수 있다.

부동산 구입 시 내는 세금: 취득세

취득세란, 개인이나 기업이 지방세법에서 정하고 있는 자산을 취득할 때 부담하는 세금이다. 여기서 지방세법으로 정하고 있는 '자산'이란 과세대상을 말하는 것으로, 토지·건축물·차량 등이 있다. 또 여기서 말하는 취득이란 매매 등 유상으로 취득한 것뿐만 아니라 상속, 증여와 같이 무상으로 취득한 것도 포함하는 개념이다.

그럼 이제 부동산을 구입할 때 내야 하는 취득세의 신고·납부기한과 계산방법에 대해 자세히 알아보도록 하겠다.

취득세란 무엇이며
신고·납부는 언제까지 해야 하는가?

나몰라 씨는 건물을 취득하면서 계약서에 잔금지급일을 <u>2022년 2월 10일</u>로 작성했다. 부모님께 돈을 빌려 잔금을 지급하려고 했으나, 사정이 생겨 매도인과 협의해 실제 잔금은 <u>2022년 2월 20일</u>에 지급했다. 건물을 취득하게 되면 <u>취득일로부터 60일 이내</u>에 취득세를 신고·납부해야 한다. 그렇다면 나몰라 씨의 취득일은 언제로 보아야 하는가?

취득세 과세대상인 부동산을 매매 또는 교환, 증여 등의 사유로 취득하게 되면 해당 부동산을 취득한 날로부터 60일 이내에 취득물건의 소재지 시·군·구청에 취득세 신고 및 납부를 해야 한다.

이때 부동산을 취득한 날은 부동산매매계약서상의 잔금지급일을 말한다. 간혹 계약서상의 잔금지급일보다 실제 잔금지급일이 늦어지는 경우도 있는데, 그래도 개인 간의 거래 시 취득일은 계약서상의 잔금일로 적용된다. 계약서상의 잔금지급일이 아닌 실제 잔금지급을 기준으로 60일째 되는 날에 신고·납부하게 되면 무거운 가산세를 부담하게 되니 각별히 유의해야 한다.

네이버 날짜계산기

달력정보

| 달력 | 양음력변환 | 날짜계산 | 전역일계산 | 만나이계산 |

‹ **2022.03** ›

일	월	화	수	목	금	토
27	28	1	2	3	4	5
				2.1		
6	7	8	9	10	11	12
13	14	15	16	17	18	19
				2.15		
20	21	22	23	24	25	26
27	28	29	30	31	1	2
3	4	5	6	7	8	9

□ 음력표시 오늘날짜로

기준년월일 직접입력 또는 달력에서 날짜를 선택하세요.

2022.02.10 [초기화]

* 기준일은 목요일이며,
오늘은 기준일부터 21일 째 되는 날입니다.

기준일부터

60	일째 되는 날은? [계산]	2022.4.10
D-	일은? [계산]
예)20220302	까지는 며칠째? [계산]

ⓘ 60갑자는 음력으로 계산됩니다. 날짜계산은 기준일을 1일로 포함하여 계산됩니다. 주관처에 의해 기념일이 변경될 수 있습니다.

이 사례에서 나몰라 씨의 취득세 신고·납부기한은 계약서 상의 잔금지급일인 2022년 2월 10일부터 60일 후인 2022년 4월 10일까지다. 네이버의 날짜계산기를 이용하면 간편하게 날짜를 계산할 수 있다.

이 외에도 증여로 취득한 경우엔 증여계약일로부터 60일 이내, 토지를 사서 그 위에 집이나 상가를 짓는 경우엔 그 건물의 허가일로부터 60일 이내에 신고와 납부를 하도록 되어 있다. 다만 상속받을 때는 재산 배분 등의 문제가 있을 때를 감안해 일반적인 취득과 달리 신고하는 데 시간적 여유를 많이 주고 있다. 즉 상속개시일이 속하는 달의 말일부터 6개월 이내(외국에 주소를 둔 상속인이 있는 경우 9개월 이내)에 신고 및 납부해야 한다.

어떤 재산을 취득해야
취득세를 납부하게 되는가?

취득세는 자산 취득자가 조세를 부담할 수 있는 경제적 능력인 담세력이 있다고 판단해 부과되는 조세다. 그러므로 고가의 자산성 물건을 취득하는 경우라면 당연히 취득세가 부과된다고 생각해도 무방하다. 물론 토지, 건축물 등 대부분의 부동산은 취득세 부과대상이 된다. 취득세의 과세대상을 구체적으로 열거해보면 토지, 건축물, 차량, 선박, 항공기, 기계장비, 광·어업권, 회원권(골프회원권, 콘도회원권 등), 입목(과수, 임목과 죽목)이 있다.

이때 취득은 매매를 통해 취득하는 것만을 의미하지 않으며 건물 신축 등의 원시취득(최초의 취득), 무상취득, 상속으로 인한 취득 등을 포함하는 개념이다. 또한 매매 외에도 건축물에 딸린 시설이나 기존 건축물의 증축 등 취득으로 간주되는 다양한 경우가 있다. 이렇게 취득시기를 결정하거나 취득에 해당하는지 판단하기 매우 모호한 경우가 있어 생각지도 못하게 취득세를 내야 할 수도 있으니 신중하게 접근하고 미리 대비할 필요가 있다. 다음 페이지에 다양한 취득의 유형을 정리해놓았으니 참고하길 바란다.

다양한 취득의 유형

1. 토지의 취득으로 보는 경우

토지의 지목이 사실상 변경되어 가액이 증가했다면 지목변경으로 인해 증가된 가액만큼을 취득으로 보아 과세한다.

예: 건물 신축 시 진입로 포장공사로 인해 토지의 지목이 변경되었다면 취득세 과세대상이나, 지목이 변경되지 않았다면 취득세 과세대상이 아니다.

2. 건물의 취득으로 보는 경우

① 존속기간이 1년을 초과하는 가설 건축물

　예: 공사현장 사무소와 같이 사용 후 철거가 예정되어 있어 재산적 가치가 없는 가설 건축물이라 하더라도 그 기간이 1년을 초과할 경우 취득세가 부과된다.

② 건축물에 딸린 시설도 건축물로 보아 취득세를 과세한다.

- 승강기(엘리베이터, 에스컬레이터, 그 밖의 승강기 시설)
- 시간당 20kWh 이상의 발전시설
- 난방·욕탕용 온수 및 열공급시설
- 시간당 7,560kcal급 이상의 에어컨(중앙조절식만 해당)
- 부착된 금고
- 교환시설
- 건물의 냉난방, 급·배수, 방화, 방범 등의 자동관리를 위해 설치하는 인텔리전트빌딩 시스템 시설
- 변전·배전시설

③ 기존 건축물의 면적, 층수 등을 늘리는 경우도 취득세 과세대상이다.

④ 건축물의 가치를 증가시키는 건물의 개수(改修, 고쳐서 다시 만듦)는 취득세 과세대상이다.

취득세는 어떻게
계산하는가?

김치득 씨는 얼마 전에 전용면적 45m², 분양가액 4억 원의 오피스텔을 분양받았다. 이 오피스텔을 업무용으로 등록할 경우의 취득세는 얼마인가?

취득세는 취득가액이 곧 과세표준이며 여기에 해당하는 세율을 곱해 계산하므로 취득세 계산에 앞서 취득가액을 정해야 한다. 취득세는 신고 납부가 원칙이므로 납세의무자가 신고한 가액이 취득가액이 된다. 매매로 취득한 경우에는 매매가액을, 아파트 분양을 받은 경우에는 분양가액을, 경매로 취득한 경우에는 낙찰가액을 취득가액으로 본다. 신고하지 않거나 신고한 가액이 국가에서 정한 가격(이하 '시가표준액'이라 함)보다 낮을 때는 시가표준액을 취득가액으로 한다. 시가표준액은 위택스에서 조회할 수 있다. 그러나 경매나 공매로 물건을 취득했다면 시가표준액보다 낮게 신고했어도 사실상의 취득가액을 과세표준으로 한다. 이 경우에는 가격 조작의 위법성이 있을 수 없기 때문이다.

과세표준이 결정되면 다음으로 세율을 적용해야 하는데, 취

매매 등의 유상취득

구분			취득세	농어촌특별세	지방교육세	합계세율
주택	85m² 이하	6억 원 이하	1%	-	0.1%	1.1%
		6억 원 초과*~ 9억 원 이하	1.01~3%	-	0.1~0.3%	1.11~ 3.3%
		9억 원 초과	3%	-	0.3%	3.3%
	85m² 초과	6억 원 이하	1%	0.2%	0.1%	1.3%
		6억 원 초과~ 9억 원 이하	1.01~3%	0.2%	0.1~0.3%	1.31~ 3.5%
		9억 원 초과	3%	0.2%	0.3%	3.5%
	조정지역 2주택, 비조정 지역 3주택	85m² 이하	8%	-	0.4%	8.4%
		85m² 초과	8%	0.6%	0.4%	9%
	조정지역 3주택 이상	85m² 이하	12%	-	0.4%	12.4%
		85m² 초과	12%	1%	0.4%	13.4%
농지	신규		3%	0.2%	0.2%	3.4%
	2년 이상 자경		1.5%	-	0.1%	1.6%
일반적인 매매(농지 제외)			4%	0.2%	0.4%	4.6%

* (취득 당시 가액) × (2/3억 원 - 3) × 1/100

득세율은 취득의 원인과 유형에 따라 세율을 다르게 정하고 있다. 취득세에 부가되는 세율인 농어촌특별세와 지방교육세도 취득세와 함께 납부해야 하므로 취득세와 농어촌특별세, 지방

증여 등의 무상 취득

구분	취득세	농어촌특별세	지방교육세	합계세율
일반	3.5%	0.2%	0.3%	4%
비영리	2.8%	0.2%	0.16%	3.16%

상속

구분	취득세	농어촌특별세	지방교육세	합계세율
일반	2.8%	0.2%	0.16%	3.16%
농지	2.3%	0.2%	0.06%	2.56%
1가구 1주택	0.8%	-	0.16%	0.96%

기타

구분	취득세	농어촌특별세	지방교육세	합계세율
원시취득	2.8%	0.2%	0.16%	3.16%
공유물·합유물·총유물의 분할	2.3%	0.2%	0.06%	2.56%

교육세를 합한 합계세율로 알아두면 좋다.

이 사례에서 김치득 씨가 오피스텔을 업무용으로 등록할 경우의 취득세율은 농어촌특별세와 지방교육세를 포함해 4.6%다. 한편 전용면적 $60m^2$ 이하의 오피스텔을 최초 분양받아 주택임대사업자로 등록하면 200만 원 이하는 취득세가 면제되

부동산 취득세 계산기

매물종류	농지 외		농지	
거래종류	전용 85m²이하 주택	전용 85m²초과 주택	**주택 외**	상가, 오피스텔, 토지(농지제외)
거래금액			400,000,000 원	
			4억원	

취득세 (세율 4%)	16,000,000 원
지방교육세 (세율 0.4%)	1,600,000 원
농어촌특별세 (세율 0.2%)	800,000 원
세액 합계액	원

↻ 초기화   18,400,000

며, 200만 원 초과 시에는 85% 감면을 받을 수 있다.

업무용 오피스텔: 4억 원 × 4.6% = 1,840만 원

취득세율 구조가 복잡해서 포기하고 싶을지도 모르겠지만 다행히 매매거래인 경우 네이버에서 취득세계산기를 이용해 간편하게 취득세를 계산할 수 있다.

중과세되는 물건인지
알아보고 취득해야 한다

김투자 씨는 인천 송도에 있는 3층 건물을 10억 원에 매입했는데, 이 건물의 지하 1층에는 유흥주점을 운영 중이다. 김투자 씨는 건물 10억 원에 대해 취득세의 기본세율을 적용해 신고하고 납부했다. 그런데 수개월 후 해당 구청으로부터 가산세를 포함한 취득세 고지서가 날아왔다. 김투자 씨가 건물 구입 시 ○○를 생각하지 못했기 때문에 취득세 중과세대상이 된 것이다. 이때 ○○는 과연 무엇인가?

부동산을 취득할 때 경우에 따라 일반 취득세 세율 외에 취득세가 중과되기도 한다. 대표적인 중과세 취득물건은 사치성 재산으로 별장, 골프장, 고급오락장, 고급선박, 고급주택이 해당된다. 이러한 사치성 재산을 취득할 때는 표준 기본세율에 중과 적용 시 기준세율(2%)의 4배가 중과세되고 있다.

예를 들어 10억 원짜리 별장을 구입할 때는 4%(기본세율)+8%(기준세율 2%의 4배)인 12%를 납부하도록 되어 있다. 따라서 부동산 등을 취득할 때는 중과세되는 물건인지 아닌지를 체크해봐야 한다.

이 사례의 경우 김투자 씨가 인수한 건물에 있는 나이트클럽은 사치성 재산인 고급오락장에 해당하며, 고급오락장은 취득세 중과세가 적용된다. 따라서 취득세 기본세율 외에 중과세를 적용해 매입가액의 8%를 추가로 납부해야 한다.

　다만 고급오락장용 건축물을 취득한 날로부터 60일 이내에 고급오락장이 아닌 용도로 사용하거나, 고급오락장이 아닌 용도로 사용하기 위해 용도변경 공사를 시작한 경우에는 중과세를 피할 수 있다. 만약 김투자 씨가 나이트클럽을 다른 용도로 사용할 계획이라면 해당 규정을 준수해 절세효과를 누릴 수 있다.

더 알아보기

사치성 재산의 개념

1. 별장
상시 주거용으로 사용하지 않고 휴양용이나 위락용으로 사용되는 건축물 및 그 부속토지(수도권 지역 외에 소재한 시·군 내 농어촌주택은 제외)를 말한다. 또한 소유자가 아닌 사람이 주택을 임차해 별장으로 사용하는 경우에도 중과세대상이 된다. 오피스텔 등의 건축물이 주거용으로 사용하도록 되어 있고 이를 상시 업무용으로 사용하지 않고 필요한 때 휴양·피서·위락 등의 용도로 사용되는 건축물도 별장에 해당한다.

2. 고급오락장
도박장·유흥주점 영업장·특수 목욕장, 기타 이와 유사한 용도에 사용되는 건축물 중 대통령령이 정하는 건축물과 그 부속토지를 말한다.

3. 고급선박
시가표준액 3억 원을 초과하는 비업무용 자가용 선박을 말한다.

4. 골프장

「체육시설의 설치·이용에 관한 법률」의 규정에 따라 회원제 골프장용 부동산 중 구분등록의 대상이 되는 토지와 건축물 및 그 토지상의 입목을 말한다.

5. 고급주택

취득세 중과대상인 고급주택은 양도소득세의 고가주택과는 다른 개념이므로 유의해야한다. 양도소득세의 '고가주택'은 9억 원을 초과하는 주택을 의미하지만, 취득세의 '고급주택'은 가액기준과 면적기준을 충족한 경우에 한한다. 고급주택으로 인정되는 단독주택의 기준은 ① 시가표준액 9억 원, 건축물가액 9천만 원 초과, 주택연면적 $331m^2$ 초과, ② 건축물에 엘리베이터(200kg 소형 엘리베이터 제외)가 설치된 주택, ③ 건축물에 에스컬레이터 또는 $67m^2$ 이상의 수영장이 있는 주택이다.

부동산 보유 시 내는 세금: 재산세

재산세란 소유한 재산에 대해 부과되는 세금으로, 토지, 건축물, 주택, 선박 및 항공기를 과세대상으로 한다. 매년 6월 1일 시·군·구청에서는 위에 열거한 재산의 현재 소유자에게 재산세 고지서를 발부한다.

재산은 매매나 기타 사유로 소유자가 바뀌기도 한다. 만약 A라는 사람이 토지 등의 재산을 1월 1일부터 12월 31일까지 변동 없이 계속 소유하고 있었다면 A는 토지 등의 소유자로서 재산세를 납부하면 되므로 아무런 문제가 되지 않는다. 그런데

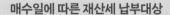

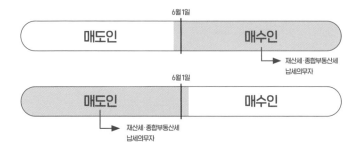

만일 A(매도인)가 재산세 고지서가 발부되기 전인 5월 31일에 토지 등의 재산을 B(매수인)에게 매도하고 잔금과 등기까지 모두 마쳤다면 어떻게 될까? 재산세는 A(매도인)와 B(매수인)가 각각 소유한 기간만큼 안분해 고지가 되는 것일까?

A와 B, 즉 매도인과 매수인이 나누어 납부하는 것이 합리적인 방법이라고 생각되겠지만, 법에서는 매년 6월 1일 기준 사실상의 소유자를 재산세 납세의무자로 정하고 있다. 따라서 6월 1일에 토지 등의 재산을 소유하고 있는 B(매수인)에게 재산세가 고지된다. 만약 B(매수인)의 입장이라면 매수일을 6월 2일로 정해야 재산세를 절감할 수 있다.

어떤 재산에 대해 언제까지
재산세를 내야 하는가?

앞에서 언급했다시피 재산세 과세대상은 토지, 건축물, 주택, 선박, 항공기다. 건축물 재산세의 납부기한은 매년 7월 16일부터 7월 31일까지고, 토지 재산세의 납부기한은 매년 9월 16일부터 9월 30일까지다. 주택에 대한 재산세는 두 번에 나누어 부과되는데 산출세액의 1/2은 7월 16일부터 7월 31일까지고, 나머지 1/2은 9월 16일부터 9월 30일까지가 납부기한이다. 참고로 선박과 항공기의 납부기한은 7월 16일부터 7월 31일까지다.

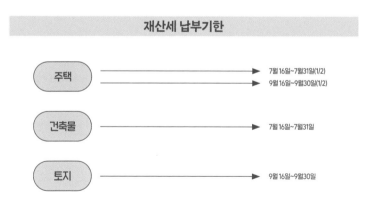

재산세 납부기한

| 주택 | → 7월 16일~7월 31일(1/2) |
| | → 9월 16일~9월 30일(1/2) |

| 건축물 | → 7월 16일~7월 31일 |

| 토지 | → 9월 16일~9월 30일 |

* 주택분 재산세액이 20만 원 이하인 경우 7월 16일~7월 31일 기간 동안 한꺼번에 부과·징수된다.

재산세는 어떻게
계산하는가?

박자산 씨가 거주 중인 주택의 <u>시가는 현재 6억 원</u>이며 <u>시가표준액이 3억 5천만 원</u>이다. 박자산 씨가 재산세로 납부해야 할 총금액은 얼마인가?

재산세는 시가표준액에 공정시장가액비율을 곱해 과세표준을 계산한 다음, 과세표준에 세율을 곱해 세액을 계산한다. 시가표준액은 국토교통부 '부동산공시가격 알리미' 사이트를 통해 조회할 수 있는데, 개별단독주택, 표준단독주택, 공동주택, 개별지, 표준지 등 부동산의 공시가격 정보도 확인할 수 있다.

공정시장가액비율의 경우 주택은 60%이고, 건물과 토지는 70%다. 앞으로는 시가표준액을 시세에 근접하도록 상향 조정할 방침이어서 시세 변동이 없더라도 시가표준액이 상향되므로 재산세 부담도 늘어날 전망이다.

재산세의 세율구조는 과세표준이 높아질수록 세율도 높아지는 초과누진세율 제도를 채택하고 있으며 크게 토지, 건축물, 주택으로 구분해 세율을 달리한다. 또한 사치성 재산에는 높은 세율을 적용해 세금부담을 무겁게 하고, 논·밭·과수원·목장용지·임야는 저율로 과세해 세금부담을 덜어주고 있다.

재산세 계산방법을 식으로 정리하면 다음과 같다.

• 과세표준 = 시가표준액 × 공정시장가액비율(60%, 70%)

• 재산세액 = 과세표준 × 세율

이 사례에서 박자산 씨의 재산세액은 총 70만 8천 원이다.

• 과세표준 = 3억 5천만 원 × 60% = 2억 1천만 원

• 재산세액 = 2억 1천만 원 × 0.25% - 18만 원(누진공제)

  = 34만 5천 원

재산세 과세표준(재산가액)

구분	시가표준액	재산세 과표
주택분 (물건별로 과세)	주택공시가격	시가표준액×공정시장가액비율(60%)
건물분 (물건별로 과세)	지방자치단체장이 결정한 가액	시가표준액×공정시장가액비율(70%)
토지분 (개인별 합산과세)	개별공시지가	시가표준액×공정시장가액비율(70%)

주택가격별 세율

구분	과세표준	세율	누진공제
주택*	6천만 원 이하	0.1%	-
	6천만 원 초과~1억 5천만 원 이하	0.15%	3만 원
	1억 5천만 원 초과~3억 원 이하	0.25%	18만 원
	3억 원 초과	0.4%	63만 원
별장		4%	-

* 단, 9억 원 이하의 1세대 1주택지의 경우에는 0.05%~0.35%가 적용됨

건축물별 세율

분류	세율
일반건축물	0.25%
주거지역(시 지역) 등에 소재한 공장용 건축물	0.5%
회원제 골프장·고급오락장용 건축물	4%

• 재산세 도시지역분=2억 1천만 원×0.14%(78쪽 참고)=29만 4천 원

• 지방교육세=34만 5천 원×20%(78쪽 참고)=6만 9천 원

▼ 토지에 대한 재산세

토지에 대한 세율은 종합합산과세 대상 토지, 별도합산과세 대상 토지, 분리과세 대상 토지로 구분되어 있다.

종합합산과세 대상 토지는 주로 비업무용으로 사용되는 토지들을 합산해 과세하는 것이고, 별도합산과세 대상 토지는 주로 업무용으로 사용되는 토지들을 합산해 과세한다. 분리과세 대상 토지는 별도로 저율로 과세하거나 고율로 과세할 필요가 있는 토지를 분리해 과세하는 토지다. 누진공제는 과세표준에

토지별 세율

구분	과세표준 및 분류	세율	누진공제
종합합산과세 대상 토지	5천만 원 이하	0.2%	-
	5천만 원 초과~1억 원 이하	0.3%	5만 원
	1억 원 초과	0.5%	25만 원
별도합산과세 대상 토지	2억 원 이하	0.2%	-
	2억 원 초과~10억 원 이하	0.3%	20만 원
	10억 원 초과	0.4%	120만 원
분리과세 대상 토지	전·답·과수원·목장용지·임야	0.07%	-
	입지지역 안 공장·산업용지	0.2%	-
	회원제 골프장 및 고급오락장용 토지	4%	-

해당하는 세율을 곱한 후 차감하는 금액이다. 예를 들어 종합합산과세 대상 토지이고 과세표준이 8천만 원인 경우 '8천만 원(과세표준)×0.3%(세율)−5만 원(누진공제)'이 해당 재산세액의 계산식이다.

▼ 재산세를 납부하게 되는 경우 재산세만 부과되는가?

재산세가 고지되면 단순히 재산세만 나오는 것이 아니라 재산세에 덧붙는 세금이 같이 부과된다. 이를 부가세라고 한다. 또한 재산세에는 재산세 납부세액의 20%에 해당하는 지방교육세가 부가된다. 그러니 재산세를 계산할 때는 부가세도 염두에 두어야 한다. 또한 도시지역 안에 있는 재산의 경우 재산세 과세표준의 0.14%만큼 도시지역분 재산세가 추가로 부과될 수 있다.

▼ 재산가격이 오르면 오른 만큼 재산세를 내야 하는가?

정아라 씨가 거주하고 있는 아파트는 2022년 공시가격이 3억 5천만 원이었고 부가세를 제외한 재산세액은 70만 8천 원이었다. 그런데 공동주택 공시가격이 상향되어 2023년 재산세액은 80만 원이 나올 것으로 예상된다. 그렇다면 정아라 씨에게 실제로 고지될 세액은 얼마인가?

재산가격이 급등할 경우 재산세 또한 급격한 상승이 예상되어 세금부담이 크게 늘어날 수 있다. 정부에서는 지난 몇 년간의 부동산 가격 상승을 반영해 공시지가를 시세에 연동해 상향 조정하고 있다. 공시지가 상승은 재산세 상승으로 이어지는데, 재산세는 실현된 수익이 아니라 보유하고 있는 그 자체에 대해 부과하는 세금이다 보니 납세의무자가 세금을 마련하는 데 어려움이 있을 수 있다.

이렇게 급격한 세금부담을 덜어주기 위해 과세관청에서는 세부담의 상한 제도를 두고 있다. 즉 당해 재산에 대한 재산세의 산출세액이 직전 연도의 재산에 대한 재산세액의 150%를 초과하는 경우, 세금부담을 덜어주기 위해 150%에 해당하는 금액만 당해에 징수할 세액으로 한다. 주택(단, 주택 법인은 제외)의 경우 공시가격에 따라 비율이 각각 다른데, 공시가격 3억 원 이하인 주택은 105%, 3억 원 초과 6억 원 이하인 주택은 110%, 6억 원을 초과하는 주택은 130%로 한다.

정아라 씨의 사례에서 주택의 공시가격은 3억 원 초과~6억 원 이하에 해당하므로 34만 5천 원의 110%까지만 재산세로 부과할 수 있다. 따라서 2021년에 정아라 씨에게 부과될 재산세액은 63만 9천 원(지방교육세 제외)의 110%인 70만 2,900원(지방교육세 미포함, 지방교육세는 세부담의 상한이 적용되지 않음)이다.

재산세를 현금으로
납부하지 못할 경우

재산세는 은행창구 또는 ATM을 이용해 직접 납부하거나 가상 계좌로 이체해 납부할 수 있으며 인터넷이나 신용카드로도 납부가 가능하다. 이러한 모든 납부방법은 궁극적으로 현금 지출을 수반하는데, 재산세는 실현수익이 아닌 보유재산에 대한 세금이다 보니 세금액수가 커질수록 납부에 어려움이 생길 수밖에 없다.

그래서 재산세법에서는 현금이 아닌 다른 부동산으로 대신 납부할 수 있는 규정을 두고 있는데 이를 '물납'이라고 한다. 재산세 납부세액이 1천만 원을 초과하는 경우에 같은 관할구역

납부세액이 400만 원으로 고지된 경우

9월 16일	9월 30일	11월 30일
250만 원 납부		150만 원 납부

납부세액이 1,200만 원으로 고지된 경우

9월 16일	9월 30일	11월 30일
600만 원 납부		600만 원 납부

안에 소재한 부동산으로 물납을 신청할 수 있다.

재산세의 납부세액이 250만 원을 초과하는 경우에는 납부할 세액의 일부를 납부기한이 경과한 날로부터 2개월 이내에 분납하도록 신청할 수도 있다. 납부할 세액이 500만 원 이하일 때는 250만 원을 초과하는 금액을 분할납부할 수 있으며, 납부할 세액이 500만 원을 초과할 때는 그 세액의 50% 이하의 금액을 분할납부할 수 있다.

부동산 보유 시 내는 세금: 종합부동산세

종합부동산세는 흔히 '부동산 부자세'라고 하는 세금으로, 재산세와 달리 국세에 해당한다. 주택과 토지에 과세되며 건축물은 과세대상이 아니다. 종합부동산세는 2005년 무렵 정부가 개인 또는 기업의 부동산 과다 소유를 억제하기 위해 만든 세금으로, 해당 지방자치단체에서 관할세무서로 재산세가 부과된 자료가 넘어오면 이를 근거로 매년 12월 주택이나 토지를 과다하게 소유한 자에게 고지서가 발부된다.

종합부동산세 과세
기준금액은 얼마인가?

이강남 씨는 1세대 1주택자로 서울 강남에 소재한 주택을 15억 원에 구입하려고 한다. 이 주택의 공시가격은 10억 원이다. 그런데 이 주택에 대한 종합부동산세가 고민이다. 이때 이강남 씨가 종합부동산세를 절세할 수 있는 방법은 무엇인가? (참고로 이강남 씨는 기혼이다.)

종합부동산세는 특정 부동산(주택, 토지)을 과다하게 소유하고 있는 개인 또는 기업이 납세의무자가 되며 소유자별로 합산해 과세하고 있다. 구체적으로 종합부동산세의 납세의무자 기준을 살펴보면, 과세기준일(6월 1일) 현재 가지고 있는 재산세 과세대상인 주택을 인별로 합산해, 그 공시가격 합계액이 11억 원을 초과하는 자는 주택에 대한 종합부동산세의 납세의무가 발생한다. 단독명의의 1세대 1주택자의 경우 9억 원을 초과하는 주택을 과세대상으로 한다.

이 사례에서 이강남 씨는 종합부동산세 절세를 위해 주택을 구입할 때 부부 공동명의로 하는 게 좋다. 공동명의로 하면 각각의 공시가격이 6억 원 미만이 되므로 종합부동산세 납세의무가 없다. 만일 이강남 씨가 주택을 단독명의로 구입한 후 공동명의로 변경하기 위해 배우자에게 증여한다면 증여세와

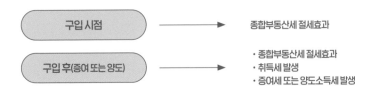

공동명의 시점에 따른 종합부동산세 절세효과

구입 시점 ⟶ 종합부동산세 절세효과

구입 후(증여 또는 양도) ⟶
- 종합부동산세 절세효과
- 취득세 발생
- 증여세 또는 양도소득세 발생

취득세가 새롭게 발생해 공동명의의 실익이 없을 수도 있다. 그러므로 주택 구입 시에는 미리 절세 계획을 세워야 한다.

토지는 나대지 등 비사업용 토지끼리 합산과세하는 종합합산과세 대상인 토지는 개별공시지가 합계액이 5억 원을 초과하면 종합부동산세 납세의무가 발생한다. 또한 영업용 건축물에 딸린 토지와 주차장 부지처럼 건축물 없이 영업용 토지로 활용되는 별도합산과세 대상 토지는 공시지가 합계액이 80억 원을 초과하면 종합부동산세의 납세의무가 발생한다.

종합부동산세는 어떤 재산에 부과되는가?

종합부동산세는 재산세 납부대상 중 토지와 주택만 과세대상이 된다. 여기서 말하는 토지는 비사업용 토지로 활용되는 나

부동산 유형별 과세대상의 구분

구분		부동산의 종류	재산세	종합부동산세
건물	주거용	주택(아파트, 단독·다가구·다세대), 오피스텔(주거용)	O	O
		별장(주거용 건물로서 휴양·피서용으로 사용되는 경우)	O	X
		일정한 건설임대주택·매입임대주택 등 장기임대주택, 미임대건설임대주택	O	X
		일정한 미분양주택, 사원주택·기숙사, 가정어린이집용 주택	O	X
	기타	일반건축물(상가·사무실·빌딩·공장, 기타 사업용 건물)	O	X
토지	종합합산	나대지, 잡종지, 일부 농지·임야·목장용지 등	O	O
		재산세 분리과세 대상 토지 중 기준 초과 토지	O	O
		재산세 별도합산과세 대상 토지 중 기준 초과 토지	O	O
		재산세 분리과세·별도합산과세 대상이 아닌 모든 토지	O	O
	별도합산	일반건축물의 부속토지(기준면적 범위 내의 것)	O	O
		법령상 인허가받은 토지	O	O
	분리과세	일부 농지·임야·목장용지	O	X
		공장용지 일부, 공급용 토지	O	X
		골프장, 고급오락장용 토지	O	X

* 다만 조정대상지역에 주택임대사업자 등록 시에는 종합부동산세가 합산과세된다 (2018년 9월 14일 이후분부터 적용).

대지 또는 잡종지 등의 종합합산과세 대상 토지와, 건물에 딸린 토지나 야적장용 토지처럼 영업용으로 활용되는 토지 등의 별도합산과세 대상 토지를 말한다. 또한 주택의 경우에는 임대주택, 가정어린이집용 주택처럼 사업 목적으로 활용되는 주택을 제외한 일반주택이 포함된다.

종합부동산세는
어떻게 계산하는가?

종합부동산세를 계산하기 위해서는 먼저 시·군·구청에서 고지된 재산세 내용을 기준으로 개인별로 전국 범위의 부동산 공시가격을 합산해야 한다. 이렇게 합산한 금액을 공시가격의 합계액이라고 하는데, 공시가격의 합계액에서 일정 기준금액(6억 원, 5억 원, 80억 원)을 차감한 뒤 시세를 반영한 공정시장가액비율을 곱하고 여기에 또다시 세율을 곱해 종합부동산세를 산출한다. 공정시장가액비율은 해마다 5%씩 상향되어 2022년 기준 100%다. 종합부동산세 계산과정은 다음 표와 같다.

예를 들어 서울 종로구의 공시가격 5억 원인 아파트와 경기도 수원의 3억 원짜리 아파트를 소유하고 있는 경우, 합산금액 8억 원에서 6억 원을 차감한 2억 원에 100%를 곱한 금액 2억

종합부동산세 계산식

구분	종합부동산세
주택	(공시가격 합계액 - 6억 원) × 100% × 세율
종합합산과세 대상 토지	(공시가격 합계액 - 5억 원) × 100% × 세율
별도합산과세 대상 토지	(공시가격 합계액 - 80억 원) × 100% × 세율

* 2022년 기준 100%

원에 세율을 곱해 종합부동산세를 계산한다. 종합부동산세도 재산세처럼 과세관청인 관할세무서가 세액을 모두 계산해 고지서를 자동으로 발부하지만, 미리 세액 계산과정을 체크해보길 바란다.

참고로 세율은 크게 주택과 토지로 구분해 세율의 크기를 달리 정하고 있다. 주택은 상시 주거용으로 사용되는 주택을 말하는 것으로, 가정어린이집·기숙사·임대주택 등 영업용으로 사용되는 주택은 종합부동산세 과세대상에서 제외한다. 주택은 다시 2주택 이하(조정대상지역은 1주택)와 3주택 이상(조정대상지역은 2주택 이상)으로 구분하고, 토지는 종합합산과세 대상 토지와 별도합산과세 대상 토지로 구분해 다른 세율을 적용하고 있다.

주택의 경우 2주택 이하와 3주택 이상으로 구분해 세율을

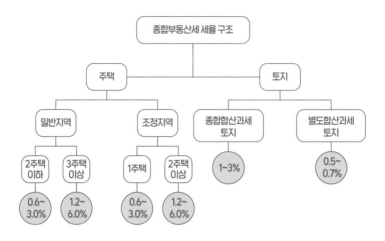

종합부동산세 세율 구조

다르게 하는 이유는 주택의 과다 소유를 억제하기 위해서다. 특히 조정대상지역은 일반지역에 비해 부동산 투자 과열 우려가 있으므로 1주택자와 2주택 이상으로 구분해 세율을 적용한다.

종합합산과세 대상 토지는 주로 나대지, 잡종지 등 비사업용 토지가 대상이다. 또한 별도합산과세 대상 토지에서 일정 기준금액을 초과하는 토지도 종합합산과세 대상이다. 종합합산과세 대상 토지는 주로 투자 목적이거나 비생산적인 용도로 사용되는 토지이므로 별도합산과세 대상 토지보다 세금부담을 무겁게 하고 있다.

별도합산과세 대상 토지는 그 유형을 법에서 구체적으로

주택 과세표준별 세율

과세표준 (합산가액 - 6억 원)×100% *1세대 1주택은 9억 원 공제	2주택 이하 (조정대상지역은 1주택)		3주택 이상 (조정대상지역은 2주택 이상)	
	세율	누진공제	세율	누진공제
3억 원 이하	0.6%	-	1.2%	-
3억 원 초과 6억 원 이하	0.8%	60만 원	1.6%	120만 원
6억 원 초과~ 12억 원 이하	1.2%	300만 원	2.2%	480만 원
12억 원 초과~ 50억 원 이하	1.6%	780만 원	3.6%	2,160만 원
50억 원 초과~ 94억 원 이하	2.2%	3,780만 원	5%	9,160만 원
94억 원 초과	3%	1억 1,300만 원	6%	1억 8,560만 원

종합합산과세 대상 토지 과세표준별 세율

과세표준(합산가액 - 5억 원)×100%	세율	누진공제
15억 원 이하	1%	-
15억 원 초과~45억 원 이하	2%	1,500만 원
45억 원 초과	3%	6천만 원

열거하고 있다. 상업용 건물의 부속토지, 공장건물의 부속토지, 창고용지처럼 주로 사업용으로 사용되고 있는 토지를 대상으로 한다. 사업용으로 사용되는 토지라도 건축물에 비해 과다하

별도합산과세 대상 토지 과세표준별 세율

과세표준(합산가액-80억 원)×100%	세율	누진공제
200억 원 이하	0.5%	-
200억 원 초과~400억 원 이하	0.6%	2천만 원
400억 원 초과	0.7%	6천만 원

게 넓은 토지를 소유하는 것을 억제하기 위해 법에서 정한 건물의 일정 면적 비율만큼만 별도합산과세 대상 토지로 인정하고 초과 소유분은 종합합산과세한다.

종합부동산세는
언제 납부해야 하는가?

종합부동산세는 관할세무서장이 고지서를 발부해 납부하거나 납세의무자가 신고방식을 선택해 신고하고 납부할 수 있다. 보통 개인 납세의무자는 세금구조가 복잡하므로 고지서를 받는 경우가 대부분이다. 종합부동산세의 납기는 매년 12월 1일부터 12월 15일까지로 되어 있으며, 종합부동산세 납부 시에는 종합부동산세와 농어촌특별세를 같이 납부해야 한다.

종합부동산세도 재산세와 마찬가지로 수익이 실현되지 않

종합부동산세의 분할납부

종합부동산세	누진공제
250만 원 초과~500만 원 이하	250만 원 초과 금액
500만 원 초과	세액의 50% 이하 금액

은 재산에 대해 부과되는 세금이다. 그래서 납세의무자의 세부
담을 고려해 납부세액이 250만 원을 초과하는 경우 분할납부
를 신청할 수 있다. 분할납부기한은 납부기한 경과일(12월 15일)
로부터 6개월 이내다. 분할납부할 수 있는 금액은 표에 정리한
것과 같다.

부동산 임대 시 내는 세금: 부동산 임대사업소득세

최근 몇 년 사이에 '연금형부동산' '수익형부동산'이라는 말이 유행어처럼 번졌다. 연금형·수익형 부동산은 꼬박꼬박 월세 수입이 발생하는 부동산을 말하는 것으로, 여기서 얻은 소득을 부동산 임대사업소득이라고 한다. 또한 갭(gap) 투자를 목적으로 전세 아파트 등을 소유하면서 임대하고 있는 경우에도 세법에서 보증금에 대한 간주임대료를 산정해 3주택자부터는 임대소득으로 과세하고 있다.

여기서 갭 투자는 시세차익을 목적으로 주택의 매매가격과 전세금 간의 차액이 적은 집을 전세를 낀 채 매입하는 투자방식을 말한다. 예를 들어 매매가격이 6억 원인 주택의 전세금 시세가 5억 원이라면 전세를 끼고 1억 원에 집을 사는 것이다.

부동산을 임대하면
무조건 세금을 내야 하는가?

김부자 씨는 2018년 9월 25일에 서울 강남에 소재한 주택을 15억 원에 구입했다. 주택 구입자금이 부족해 10억 원에 전세를 놓았고 앞으로도 거주는 불가능할 것 같다. 나중에 이 주택을 매도한다면 김부자 씨는 1세대 1주택 비과세 혜택을 받을 수 있겠는가?

부동산을 임대하게 되면 월세나 보증금에서 발생하는 이자상당액(간주임대료)을 신고해야 한다. 다만 부동산 중 논·밭을 빌려주거나 1주택(고가주택 및 국외 소재 주택은 제외)을 임대하는 경우 임대업에 대한 소득세신고를 하지 않아도 되는 비과세규정이 있어 이를 잘 활용하면 절세효과를 볼 수 있다.

예를 들어 전세 아파트에 거주하고 있는 상태에서 경매나 급매로 주택을 구매하고 그 주택을 월세나 전세로 임대하는 경우에는 부동산 임대소득세가 발생하지 않는다. 다만 국세청 기

비과세 대상 임대소득
- 1주택자 월세 수입(9억 원 이하), 보증금
- 2주택자 보증금
- 3주택자 3억 원 이하 보증금

준 시가 9억 원 이하의 주택이 대상이라는 점을 주의해야 한다. 1주택이라도 국세청 기준 시가가 9억 원이 넘을 경우에는 월세 부분에 대해 임대소득세가 발생한다. 조정대상지역에 소재한 주택은 2년 보유, 2년 거주한 주택에 한해 1세대 1주택 비과세를 적용받을 수 있다. 그러나 주택을 임대등록하고 4년 이상 임대할 경우 거주요건 2년을 충족하지 못하더라도 2년 이상 보유요건 충족만으로도 양도소득세가 비과세된다. 다만 2019년 12월 17일 이후 조정대상지역 주택을 새로 임대등록

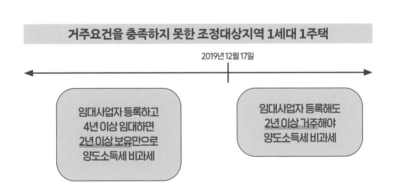

거주요건을 충족하지 못한 조정대상지역 1세대 1주택

2019년 12월 17일

임대사업자 등록하고
4년 이상 임대하면
2년 이상 보유만으로
양도소득세 비과세

임대사업자 등록해도
2년 이상 거주해야
양도소득세 비과세

할 경우 2년 이상 거주요건도 함께 충족해야 1세대 1주택 비과세 혜택을 받을 수 있다.

이 사례에서 김부자 씨가 소유한 서울 강남의 주택은 9억 원을 초과하는 1주택이지만 보증금은 3주택자 이상부터 과세되므로 부동산 임대소득세가 과세되지 않는다. 또한 거주기간이 2년 미만이어도 임대사업자 등록을 하고 4년 이상 임대하면 2년 보유요건이 충족되기에 1세대 1주택 양도소득세 비과세 혜택을 받을 수 있다.

부동산 임대사업소득세는 어떻게 계산하는가?

> 단독 세대주인 이강철 씨는 오피스텔 2채를 임대하고 월 100만 원의 월세 수입을 얻고 있는데, 월세 수입 외에 다른 소득은 없다. 이강철 씨는 분리과세와 종합과세 방식 중 선택해 소득세를 신고할 수 있는데, 어떤 방법으로 신고하는 게 유리할까? (참고로 이강철 씨는 장기임대사업자로 등록했다.)

부동산 임대사업소득세는 종합과세가 원칙이다. 종합과세 방식은 총임대료 수입에서 보험료, 감가상각비 등의 필요경비를 공제하고 기본공제, 부양가족공제 등으로 소득금액을 공제해

주택 임대사업자 과세대상

구분	월세	보증금
1주택자	9억 원 초과 주택만 과세	비과세
2주택자	과세	
3주택자 이상	과세	합계 3억 원 초과부터 과세

* 주거전용면적이 40m² 이하이고 기준시가 2억 원 이하인 소형주택 임대보증
금은 보증금 합계액에서 제외

과세표준을 구한다. 그다음 과세표준에 종합소득세율을 곱해 세액을 계산하고, 여기에 세액감면을 공제해 최종 납부세액을 계산한다. 그러나 주택임대사업의 경우 2천만 원 이하는 분리과세를 선택할 수 있다.

주택임대사업자의 수입은 월세 수입과 보증금 수입으로 구분할 수 있다. 월세 수입은 시가 9억 원 이하의 주택을 소유한 1주택자일 경우 과세대상이 아니며, 9억 원 초과 1주택자와 2주택자부터 과세가 된다. 보증금 수입은 3주택자부터 보증금 합계액이 3억 원을 초과할 경우 간주임대료를 산정해 임대소득을 계산한다.

간주임대료 계산 과정은 다음과 같다.

간주임대료 = (보증금 합계 - 3억 원) × 60% × 1.2%

임대사업자 등록 여부에 따른 필요경비율과 공제금액

구분	임대사업자 등록	임대사업자 미등록
필요경비율	60%	50%
공제금액	400만 원	200만 원

분리과세 방식은 임대소득에 14%의 세율을 적용하며 다음과 같이 계산한다.

주택임대소득세액={임대 수입금액-(임대 수입금액×필요경비율)-공제금액}×14%-세액감면

필요경비율과 공제금액은 임대사업자 등록 여부에 따라 달라지는데, 표에 정리된 바와 같다.

세액감면은 장기임대사업자의 경우에는 산출세액의 75%, 단기임대사업자의 경우 산출세액의 30%를 공제한다. 계산식에 대입해보면 장기임대사업자는 연 소득 1천만 원, 단기임대사업자는 연 400만 원까지는 임대소득세가 발생하지 않는다.

이 사례에서 이강철 씨는 연간 임대 수입이 1,200만 원이므로 분리과세와 종합과세 중 선택해 신고·납부할 수 있다. 분리과세 방식에 따르면 이강철 씨가 납부할 세금은 2만 8천 원이다.

- 주택임대소득세(분리과세 방식): {1,200만 원 - (1,200만 원 × 60%) - 400만 원} × 14% = 11만 2천 원

- 세액감면: 11만 2천 원 × 75% = 8만 4천 원

- 최종 납부세액: 11만 2천 원 - 8만 4천 원 = 2만 8천 원

반면 이강철 씨가 종합과세 방식을 선택하면 납부할 세금은 14만 원이다(필요경비 월 10만 원으로 가정, 기본공제 150만 원, 연 1,200만 원 이하 종합소득금액 세율은 6%).

종합과세: (1,200만 원 - 120만 원 - 150만 원) × 6%

= 55만 8천 원

55만 8천 원 - (55만 8천 원 × 75%) = 13만 9,500원

따라서 이강철 씨는 종합과세 방식보다 분리과세 방식을 선택하는 게 더 유리하다. 일반적으로 분리과세 방식이 절세효과가 있으나, 종합소득금액(임대 수입과 다른 종합과세 대상 소득을 합한 금액에서 필요경비와 종합소득공제를 차감한 금액)이 연 1,200만 원 이하인 경우에는 종합과세 방식이 유리할 수도 있다.

참고로 종합과세방식을 선택해 임대소득세를 계산하는 경우, 임대소득 금액이 일정 금액 이하이면 실제 지출한 필요경비

와 법에서 정한 기준·단순 경비율 중 선택해 필요경비를 계산할 수 있다. 기준·단순 경비율은 홈택스에서 조회할 수 있다.

부동산 임대사업소득세는 언제까지 내야 하는가?

소득세는 1년 동안 벌어들인 수입에 대해 부과하는 국세다. 따라서 부동산 임대사업소득세의 경우 1년 동안 받은 임대료 등에 대해 그다음 해 5월 1일부터 5월 31일까지 홈택스를 이용하거나 주소지 세무서에서 신고 및 납부할 수 있다. 홈택스의 종합소득세 신고도움 서비스에서는 신고서 작성방법에 대한 안내가 잘 되어 있어 집에서도 간편하게 신고·납부할 수 있다. 그러나 전자신고가 익숙하지 않다면 종합소득세 신고기간에 직접 세무서에 방문해 자세히 문의할 수 있다. 신고기간에는 전화 연결이 어려우니 직접 방문해 문의하는 게 좋다.

부동산 매도 시 내는 세금: 양도소득세

양도란 매매 등으로 등기 또는 등록에 상관없이 사실상 부동산 등의 소유권을 이전해주는 행위를 말한다. 양도 시 양도가액이 취득가액보다 높을 경우 차익이 발생하는데, 이러한 차익에 대해 세금을 신고하고 납부하도록 하는 것이 양도소득세다. 양도소득세는 국세에 해당한다. 양도의 대표적인 원인으로는 매매가 있으며 이외에도 현물출자, 부담부증여, 교환 등이 있다.

매도할 때 양도소득세가 없는
부동산도 있을까?

양도소득세는 토지, 건물, 부동산에 관한 권리(분양권, 입주권 등), 주식, 파생상품(선물 및 옵션거래분)을 파는 경우에 부과되는 세금이다. 따라서 부동산의 소유권을 이전하면서 차익이 발생할 때는 거의 모든 부동산에 양도소득세가 과세된다고 생각하면 된다. 그러나 양도차익이 발생하더라도 양도소득세를 납부하지 않아도 되는 부동산이 있는데 이를 비과세 양도소득이라고 한다. 양도차익이 발생하더라도 세금이 전혀 발생하지 않는 비과세 양도소득을 제대로 알고 활용한다면 최고의 절세방법이 될 것이다.

▼ 1세대 1주택 비과세

1세대 1주택의 경우 매도 시 차익이 발생해도 양도 당시 가액이 12억 원을 초과하지 않는 주택은 양도소득세가 비과세된다. 그러나 1세대 1주택이라 하더라도 무조건 비과세되는 것이 아니라 법에서 정한 일정 요건을 충족해야 한다. 이에 대해 자세히 알아보기로 하자.

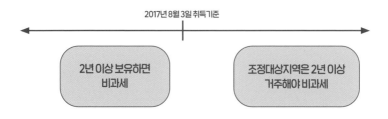

비과세되는 1세대 1주택 보유요건 변화

2017년 8월 3일 취득기준

2년 이상 보유하면
비과세

조정대상지역은 2년 이상
거주해야 비과세

① 일반지역

1세대가 1주택을 구입해 2년간 보유 후 팔게 되면 양도소득세 비과세대상이다.

② 조정대상지역

조정대상지역에서 주택을 취득할 경우 1세대가 1주택을 구입해 2년 보유요건과 2년 거주요건을 충족해야 비과세대상이 된다. 2년 거주요건은 2017년 8월 3일 이전에 계약금을 지불했거나 주택을 구입한 경우에는 해당하지 않는다.

조정대상지역은 부동산시장의 변화에 따라 추가로 지정되거나 해제되기도 하므로 주택을 취득할 때는 조정대상지역 해당 여부를 확인해야 한다. 취득하고자 하는 주택의 조정대상지역 여부는 국토교통부 홈페이지에서 확인할 수 있다.

조정대상지역(2021년 8월 30일 기준)

구분	조정대상지역
서울	전 지역
	과천, 성남, 하남, 동탄2, 고양시, 남양주, 광명, 구리, 광교지구, 용인 수지·기흥·처인구, 수원 팔달·영통·권선·장안구, 안양 만안·동안구, 의왕시, 고양, 남양주, 화성, 군포, 부천, 안산, 시흥, 오산, 안성, 평택, 광주, 양주, 의정부, 김포, 파주, 동두천시
인천	중, 동, 미추홀, 연수, 남동, 부평, 계양, 서
부산	해운대, 수영, 동래, 연제, 남구, 서구, 동구, 영도구, 부산진구, 금정구, 북구, 강서구, 사상구, 사하구
대구	수성, 중구, 동구, 서구, 남구, 북구, 달서구, 달성군
광주	동구, 서구, 남구, 북구, 광산구
대전	동, 중, 서, 유성, 대덕
울산	중구, 남구
세종시	세종
충북	청주
충남	천안 동남·서북, 논산, 공주
전북	전주 완산·덕진
전남	여수, 순천, 광양
경북	포항남, 경산
경남	창원 성산

▼ 1주택 요건

1주택이란 하나의 주택을 소유하는 것을 의미하는데, 기존의 1주택자가 부득이하게 2주택을 소유하게 되는 사정이 생길 수가 있다. 부득이한 사정으로 2주택이 된 경우 투자나 투기의 목적으로 주택을 취득하거나 보유하는 것이 아니므로, 법으로 정해진 일정한 기간 내에 1주택을 팔면 양도소득세가 비과세된

일반지역

다. 어떠한 것들이 해당되는지 알아보자.

① 일시적 1세대 2주택

기존 주택을 처분하지 못한 상태에서 새 주택을 먼저 취득하는 경우가 생길 수 있는데 다음의 요건에 해당하면 일시적인 1세대 1주택으로 보아 양도소득세 비과세 혜택을 받을 수 있다.

- 신규주택 취득시점: 기존 주택을 취득한 날로부터 1년이 경과되어야 한다.
- 종전주택 처분시점: 신규주택을 취득한 날로부터 3년 이내 팔아야 한다.

다만 조정대상지역에 기존 주택이 있는 상태에서 조정대상지역의 주택을 추가로 취득한 경우에는 1년 이내에 신규주택으로 전입하고 종전주택을 양도해야 한다. 다만 신규주택에 기존 임차인이 있는 경우 전입 기간이 임대차계약 종료 시점(최대 2년)까지 연장된다(상세한 내용은 160쪽을 참고할 것).

② 혼인으로 2주택이 된 경우

결혼 전에 각각 1주택을 소유하다가 혼인으로 2주택이 된 경우에는 혼인한 날로부터 5년 이내에 먼저 파는 주택을 1세대 1주택으로 간주한다.

③ 동거·봉양을 위해 세대를 합쳐 2주택이 된 경우

1주택을 보유한 채 1세대를 구성하는 자녀가 1주택을 보유한 60세 이상의 직계존속(부모, 조부모 등)을 동거·봉양하기 위해 세대를 합치게 된 경우에도 양도소득세 비과세 혜택을 받을 수 있다. 직계존속 중 한 사람만 60세 이상이면 되고, 세대를 합친 날부터 10년 이내에 먼저 양도하는 주택이 해당된다. 다만 직계존속이 암이나 희귀병 등에 걸려 동거하며 부양해야 하는 경우에는 60세 미만일지라도 비과세 적용을 받을 수 있다.

양도소득세는
어떻게 계산하는가?

양도소득세는 보유한 부동산의 종류와 금액, 보유기간, 보유형태, 등기 유무 등에 따라 계산하는 과정이 다르다. 부동산을 사고파는 과정에서 발생하는 상황에 따라 계산하는 과정 또한 다양하고 복잡해져서 어렵지만 흐름을 잘 짚는다면 쉽게 이해할 수 있을 것이다.

▼ 양도차익

양도소득세는 양도차익, 즉 시세차익에 대해 과세를 하는 세금이다. 양도차익은 부동산 등을 매도 시 양도가액(매매가격)에서 필요경비(취득가액, 자본적 지출액, 양도직접비용)를 차감해 계산한다. 필요경비 중 자본적 지출액이란, 양도하는 자산의 가치를 증가시키거나 자산의 수명을 늘리는 비용으로서 베란다·방 확장, 창틀·바닥 공사, 보일러 교체 등이 있다. 벽지나 장판 교체, 보일러 수리비 등은 양도차익에서 차감되지 않으므로 주의해야 한다.

부동산 보유세라고 불리는 재산세와 종합부동산세는 부동

산의 가치를 증가시키는 비용이 아니므로 양도차익에서 차감되지 않는다. 취득 및 양도 시에 직접 지출된 비용으로 인정받을 수 있는 것은 취득세, 국민주택채권 매각 차손, 공인중개사보수, 법무사 수수료, 세무신고서 작성비용, 공증비용, 인지대 등이 있다.

사실 이러한 항목들은 일일이 기억하기도 어렵고 비용 인정이 되는 것들을 구분하기도 쉽지 않다. 따라서 공인중개사 보수처럼 주택 취득 및 양도를 하는 데 비용이 발생하거나, 주택을 보유하면서 상당한 수선비용이 발생할 때는 세금계산서, 금융기관 이체명세서 등을 빠짐없이 보관하는 것이 좋다. 설사 그것이 비용으로 인정되지 않는다 해도 일단은 증빙서류를 보관하는 습관을 가지는 것이 중요하다.

증빙서류를 보관하는 습관이 중요한 이유는 지출된 비용을 증명할 수 있는 서류(영수증)가 없으면 실제로 지출했어도 공제받을 수 없기 때문이다. 보통 부동산을 얼마에 사서 얼마에 팔았으니 얼마의 이익이 남았는지 집중하다 보니 이러한 비용들을 챙기고 보관하는 일을 소홀히 하는 경우가 있다. 일단 증빙서류는 다 챙기고 비용 인정 여부는 양도 시점에 고민하면 된다. 이러한 비용들의 증빙서류을 보관하지 않아서 내지 않아도 되는 세금을 납부하는 일이 없도록 하자.

매도가액 – 취득가액·필요경비(자본적 지출 외) = 양도차익

- 취득가액
- 공인중개사 보수
- 법무사 수수료
- 국민주택 매각 채권
- 베란다 확장공사 비용
- 변기 교체비용
- 바닥공사
- 새시공사
- 공증비용
- 인지대
- 세무신고서 작성비용 등

▼ 장기보유특별공제

양도차익이 계산되면 장기보유특별공제와 양도소득기본공제를 적용해 과세표준을 계산하고, 여기에 해당하는 세율을 곱해 최종적으로 양도소득세를 산출한다.

- 과세표준 = 양도차익 – 장기보유특별공제 – 양도소득기본공제
- 양도소득세 = 과세표준 × 세율

장기보유특별공제는 말 그대로 부동산을 오랫동안 보유했을 경우 세금 절감 혜택을 주는 제도다. 시간이 지날수록 물가는 상승한다. 우리는 흔히 10년 전의 어떤 가격을 지금으로 치면 어느 정도의 가격과 같다고 말하고, 누구나 이 말의 의미를 이해하고 토를 달지 않는다. 물가상승에 대한 지식이 없는 사람이라도 10년 전의 1억 원과 지금의 1억 원의 가치가 다르다는 것을 알고 있기 때문이다. 부동산도 당연히 오래 보유할수록 물가상승률만큼 오른다.

장기보유특별공제는 이러한 물가상승에 따른 부동산 처분이익을 양도차익에서 공제해주는 제도로 3년 이상 보유한 등기된 부동산에 한해 적용한다. 조합원 입주권도 장기보유특별공제대상이지만 조합원에게서 취득한 것은 제외한다. 조정대상지역에서 1세대 2주택 이상인 경우에도 장기보유특별공제가 적용되지 않는다. 1세대 2주택 이상을 판단할 때는 주택의 수에 조합원 입주권도 포함하며 장기임대주택은 제외한다.

장기보유특별공제는 크게 '1세대 1주택(고가주택 등)'에 대

> **장기보유특별공제 대상**
> 1. 등기된 부동산
> 2. 3년 이상 보유 부동산
> 3. 조합원 입주권(조합원에게서 취득한 것은 제외)

장기보유특별공제율(토지·건물)

보유기간	일반	보유기간	일반
3년	6%	10년	20%
4년	8%	11년	22%
5년	10%	12년	24%
6년	12%	13년	26%
7년	14%		
8년	16%	14년	28%
9년	18%	15년	30%

한 공제율과 '일반부동산(상가, 토지 등)'의 공제율로 나누어진다. 1세대 1주택(고가주택 등)에 대한 공제율은 1주택을 보유하고 보유기간 중 거주기간이 2년 이상인 경우만 해당한다. 다만 2021년부터는 12억 원을 초과하는 1세대 1주택자는 보유기간뿐만 아니라 거주기간도 고려해 장기보유특별공제율을 적용한다.

1세대 1주택은 무조건 양도소득세가 비과세된다고 생각하기 쉬운데, 실거래가가 12억 원을 초과하는 주택에서 12억 원을 초과하는 부분은 양도소득세 과세대상에 해당한다. 실거래가 9억 원을 초과하는 1세대 1주택의 장기보유특별공제율은 2년

장기보유특별공제율(법령에서 정한 1세대 1주택자)

기간	2년 (3년 보유)	3년	4년	5년	6년	7년	8년	9년	10년
보유기간	-	12%	16%	20%	24%	28%	32%	36%	40%
거주기간	8%	12%	16%	20%	24%	28%	32%	36%	40%
합계	20%	24%	32%	40%	48%	56%	64%	72%	80%

* 2021년 양도분부터 적용되었다.
* 10년 보유, 5년 거주한 9억 원 초과 주택의 장기보유특별공제율은
  60%(40%+20%)다(2021년 양도분부터).

이상의 거주요건을 충족하고 3년 이상 보유한 경우에는 매년 보유기간별 4%, 거주기간별로 4%씩, 10년 이상 보유할 경우에는 최대 80%까지 적용된다.

반면 일반부동산(상가, 토지 등)에 적용되는 장기보유특별공제율은 일반부동산(상가, 토지 등), 조합원 입주권, 2년 거주요건을 충족하지 못한 1세대 1주택에 적용되며, 3년 이상 보유한 경우에는 1년에 2%씩, 15년 이상 보유할 경우에는 최대 30%까지만 적용된다. 2021년 양도분부터는 1세대 1주택의 장기보유특별공제를 보유기간과 거주기간으로 구분해 적용했다. 2020년 기준으로는 1세대 1주택을 5년간 보유하고 2년 이상 거주한 경우 공제율이 40%지만, 2021년부터는 5년간 보유하고 거주기간이 2년 이상~3년 미만일 경우에는 20%의 공제율

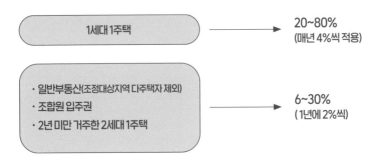

장기보유특별공제율

1세대 1주택 → 20~80%
(매년 4%씩 적용)

· 일반부동산(조정대상지역 다주택자 제외)
· 조합원 입주권
· 2년 미만 거주한 2세대 1주택
→ 6~30%
(1년에 2%씩)

을 적용하므로 공제율의 차이가 상당히 크다. 조정대상지역에 2주택 이상 보유하고 있는 경우에는 장기보유특별공제가 적용되지 않는다.

조정대상지역에 소재한 주택의 양도소득세 계산과정은 보유주택 수, 보유지역, 보유기간, 거주기간, 매도시기, 양도가액에 따라 달라지기 때문에 매우 복잡하다. 그리고 절세 전략 여부에 따라서도 수천만 원에서 수억 원까지 차이가 날 수 있다.

다음의 표는 조정대상지역과 일반지역을 구분해 양도소득세 흐름을 나타낸 것이다. 표를 참고해 자신이 취득하거나 양도하고자 하는 주택이 어디에 해당하는지 체크해보자. 취득시기(양도시기)나 취득지역(양도지역) 또는 계속 보유할 것인지에 대한 계획을 세우는 데 도움이 될 것이다.

조정대상지역 내 주택의 보유주택 수별 과세

주택 수	1주택	2주택		3주택 이상
비과세	2년 이상 보유 +2년 이상 거주	일시적 2주택(혼인, 동거·봉양)		과세
과세	고가주택(12억 원 초과)에 대해 과세	1년 이내 매도·전입(혼인 5년, 동거·봉양 10년)은 비과세	1년 이후 매도(혼인 5년, 동거·봉양 10년)는 비과세	장기보유특별공제 제외 대상
장기 보유 특별 공제	과세되는 1주택은 장기보유특별공제 적용(4%씩, 최대 40%)	1주택으로 간주(12억 원 초과 주택 과세, 장기보유특별공제 4%씩, 최대 40% 적용)	장기보유특별공제 제외 대상	장기보유특별공제 제외 대상

일반지역 주택의 보유주택 수별 과세

주택 수	1주택	2주택		3주택 이상
비과세	2년 이상 보유	일시적 2주택(혼인, 동거·봉양)		-
과세	고가주택(12억 원 초과)에 대해 과세	3년 이내 매도(혼인 5년, 동거·봉양 10년)는 비과세	3년 이후 매도(혼인 5년, 동거·봉양 10년)는 과세	과세
장기 보유 특별 공제	과세되는 1주택은 장기보유특별공제 적용(4%씩, 최대 40%)	1주택으로 간주(12억 원 초과 주택 과세, 장기보유특별공제 4%씩, 최대 40% 적용)	장기보유특별공제 적용(2%씩, 최대 30%)	장기보유특별공제 적용(2%씩, 최대 30%)

▼ 양도소득기본공제

양도소득기본공제는 양도소득이 있는 자에게 양도소득금액에서 연 250만 원을 한도로 공제하는 제도다. 양도소득기본공제는 개인별로 해당 연도에 한 번씩 250만 원을 공제한다. 예를 들어 부동산을 부부 공동명의로 했을 경우 부부가 각각 250만 원씩 총 500만 원을 공제받을 수 있다.

또 다른 예로 2개의 부동산을 같은 연도에 매도할 경우 2개의 부동산을 합해서 250만 원이 공제되지만, 연도를 다르게 매도할 경우 각각 250만 원씩 총 500만 원을 공제받을 수 있다. 그러므로 2개의 부동산을 매도할 계획이라면 가급적 연도를 달리해 매도하는 것이 유리하다.

▼ 세율

양도소득세에서 가장 관심 있어 하는 부분은 아마도 세율일 것이다. 최근 아파트값이 급등하면서 양도소득세 부담으로 집을 팔 수 없다는 이야기가 종종 들린다. 양도소득세율은 금액이 커질수록 세율도 높아지는 초과누진세율 구조로 금액에 따라 세율이 다르다. 또한 등기 자산과 미등기 자산의 세율이 다르

부동산별 세율

미등기 부동산	세율		
	70%(보유기간과 관계없음)		
단기보유부동산 (2021년 양도분부터는 토지·건물의 세율과 주택의 세율이 동일함)	보유기간	토지·건물	주택
	1년 미만	50%	40%
	1년 이상 2년 미만	40%	기본세율
기본세율	과세표준		세율
	1,200만 원 이하		6%
	1,200만 원 초과~4,500만 원 이하		15%
	4,600만 원 초과~8,800만 원 이하		24%
	8,800만 원 초과~1억 5천만 원 이하		35%
	1억 5천만 원 초과~3억 원 이하		38%
	3억 원 초과~5억 원 이하		40%
	5억 원 초과~10억 원 이하		42%
	10억 원 초과		45%
2주택자가 조정지역 내 주택을 매도한 경우	기본세율+20%		
3주택자가 조정지역 내 주택을 매도한 경우	기본세율+30%		

고, 주택과 주택 이외 부동산의 세율이 다르며, 보유기간이 어느 정도인지에 따라서도 세율이 달라진다. 주택이 몇 채인지, 지역이 어디인지에 따라서도 세율이 달라지기 때문에 꽤 복잡하다. 그래도 요즘은 인터넷을 이용해 간편하게 양도소득세를 계산할 수 있어서 양도소득세율을 외우고 있을 필요까지는 없다.

그러나 양도소득세의 세율 구조, 보유 중인 부동산의 종류, 보유기간, 보유지역, 예상 양도차익, 세율 구간이 대략 어느 정도인지 인지하고 있으면 절세 전략을 세우는 데 큰 도움이 된다. 양도소득세는 양도차익이 커질수록 높은 세율을 적용받는 초과누진세율 제도이며 개인별로 과세하기 때문에, 이러한 세율 구조를 알고 미리 부부 공동명의로 취득해 양도차익을 분산시키면 소득 구간이 달라지게 되므로 세율을 낮추는 효과가 있다.

주택임대사업자의 양도소득세 특례

주택임대사업자의 양도소득세는 지난 몇 년간 잦은 세법 개정으로 취득일, 양도일, 임대사업자 등록일 등에 따라 장기보유특별공제와 세율 적용이 다르다. 따라서 주택을 2채 이상 임대하고 있는 주택임대사업자는 소유 중인 주택의 취득일 등 내용을 정리해두는 것이 양도순서나 양도시기를 결정하는 데 도움이 된다.

▼ 장기보유특별공제 특례: 8년 이상의 장기임대사업자

장기보유특별공제 특례는 양도소득세 비과세 다음으로 혜택이 큰 항목이다. 8년 이상 장기임대 시 양도차익의 50%를 공제하고 10년 이상 장기임대 시에는 양도차익의 70%를 공제한다. 장기보유특별공제 특례를 적용받기 위해서는 다음의 요건을 충족해야 한다.

- 지방자치단체와 세무서에 장기임대사업자 등록

- 국민주택규모 이하(면적 기준 적용)

- 임대개시일 현재 기준시가 6억 원(수도권 외 지역 3억 원) 이하(2018년 9월 13일 취득부터, 가액 기준)

- 임대료 증액 제한(5%)을 준수(2019년 2월 12일부터 적용)

- 매입임대주택은 2020년 12월 31일로 종료, 건설임대주택은 2022년 12월 31일까지 적용됨

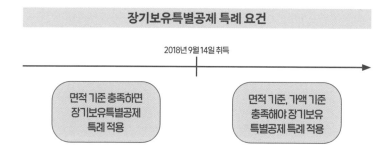

추가공제율

임대기간	6년	7년	8년	9년	10년
추가공제율	2%	4%	6%	8%	10%

▼ 장기보유특별공제 추가공제: 6년 이상의 임대사업자

장기보유특별공제 추가공제는 6년 이상의 시간을 임대할 경우에 장기보유특별공제에 추가해(2~10%) 공제하는 제도다. 다음의 요건을 충족한다면 장기보유특별공제 추가공제를 받을 수 있다.

- 지방자치단체와 세무서에 주택임대사업자 등록
- 임대개시일 현재 기준시가 6억 원(수도권 외 지역 3억 원) 이하
- 6년 이상 임대하는 경우
- 임대료 증액 제한(5%)을 준수(2019년 2월 12일부터)
- 2018년 3월 31일까지 사업자등록

▼ 양도소득세 중과 배제

조정대상지역의 다주택자는 양도소득세 중과세율을 적용받

는다. 2주택일 경우에는 일반세율에 20%가 중과되고, 3주택일 경우에는 30%가 중과되며 장기보유특별공제도 받을 수 없다. 그러나 임대사업자로 등록하고 다음의 요건을 충족하면 장기보유특별공제를 받을 수 있고 세율도 중과되지 않는다. 다만 2018년 9월 13일 이후 취득한 임대주택은 장기임대주택으로 등록하더라도 중과세율이 적용된다.

- 지방자치단체와 세무서에 주택임대사업자 등록
- 임대개시일 현재 기준시가가 6억 원(수도권 외 지역 3억 원) 이하
- 단기임대사업자(2018년 3월 31일 등록주택까지만 유효)
- 장기임대사업자(2018년 9월 13일 취득주택까지만 유효)
- 임대료 증액제한(5%)을 준수(2019년 2월 12일부터)

양도소득세는 어떻게
신고해야 하는가?

▼ 신고기한

부동산을 팔 때 생기는 양도소득은 근로소득 등과 따로 신고하고 세금을 납부해야 한다. 양도소득세의 신고 및 납부에는 예정신고와 확정신고가 있다. 예정신고는 부동산을 팔고 잔금을 받은 달의 말일부터 2개월 이내에 신고·납부해야 한다. 예를 들어 잔금지급일이 7월 10일이었다면, 7월 10일이 속하는 달의 말일인 7월 31일부터 2개월이 되는 9월 30일까지가 예정신고 납부기한이다.

만약 A씨가 2022년 1월에 주택을 팔고 3월 31일까지 예정신고와 납부를 했다고 가정해보자. 같은 해 6월에도 보유하고 있던 토지를 팔고 8월 31일까지 예정신고와 납부를 했다면 A씨의 양도소득세 신고는 이것으로 끝난 것일까? 아니다. A씨는 2022년도에 매도한 주택과 토지를 합산해 다음 해인 2023년 5월 1일부터 5월 31일까지 다시 한번 신고·납부를 해야 한다. 이를 확정신고라고 한다.

양도소득기본공제는 1년에 한 번 250만 원이 공제되므로 주택과 토지에서 각각 250만 원씩 공제받았다면 확정신고 시에는 기본소득공제가 한 번만 적용된다. 따라서 250만 원만 공제되고 공제받지 못하는 250만 원에 대한 세금이 추가될 수 있다. 만약 주택과 토지 모두에서 이익이 발생했고 합산금액에 대한 세율 구간이 예정신고 때의 세율 구간보다 높아진다면 이 때도 추가로 납부해야 하는 세금이 발생한다. 반면 주택이나 토지 중 어느 하나를 팔면서 손해가 발생했다면 손해 본 만큼의 이익이 차감되어 결과적으로 총이익이 줄어들기 때문에 확정신고 때 세금을 환급받을 수 있다.

일반적으로 절세를 위해서는 가능한 한 연도를 달리해 파는 것이 좋다. 하지만 어느 한 부동산에서 손해가 발생했다면 같은 해에 파는 것이 유리하다.

- 예정신고·납부기한: 매도한 날이 속하는 달의 말일부터 2개월 이내
- 확정신고·납부기한: 매도한 다음 해 5월 1일~5월 31일

▼ 전자신고 방법

양도소득세 신고는 직접 세무서에 방문하거나 우편신고 또는

전자신고도 가능하다. 전자신고는 국세청 홈택스를 이용하면
된다. 전자신고를 이용하면 시간도 절약할 수 있고 지면으로
된 신고서 양식에 직접 작성하는 것보다 훨씬 간편하다. 그럼
전자신고하는 방법을 상세히 알아보자.

우선 홈택스에 접속해 화면에서 '신고/납부'를 선택한 다음
양도소득세를 선택한다.

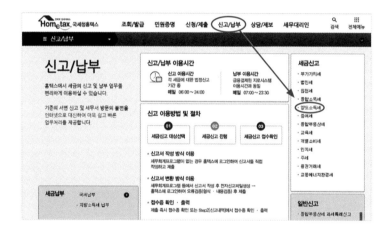

양도소득세를 선택하면 로그인 화면이 나타나는데, 개인회
원은 회원가입이 되어 있지 않더라도 공인인증서를 가지고 있
으면 본인인증 과정을 거쳐 간편하게 양도소득세를 신고할 수
있다.

'양도소득세 신고' 화면에서 간편신고와 일반신고 중 자신

에게 맞는 방법을 선택해 신고서를 작성하고, 증빙서류는 파일을 첨부해 보내면 신고가 마무리된다.

상단 메뉴에 있는 '전자신고 이용방법'에서는 신고서를 작성하는 방법을 동영상으로 처음부터 마지막 단계까지 알기 쉽게 설명하고 있다. 동영상을 보고 나서 신고서를 작성하면 신고서를 작성하는 데 많은 도움이 된다.

• 2장의 핵심내용 •

취득세

● 부동산 등 고가의 자산성 물건을 매매 또는 교환, 증여 등으로 취득하면 해당 물건을 취득한 날로부터 60일 이내에 취득물건의 소재지 시·군·구청에 신고 및 납부를 해야 한다.

● 계산식은 '취득가액 × 세율'이다.

● 별장, 골프장, 고급오락장, 고급선박, 고급주택과 같은 사치성 재산은 중과세율이 적용된다.

재산세

● 소유한 재산에 부과되는 세금으로, 토지, 건축물, 주택, 선박 및 항공기가 과세대상이다.

● 계산식은 '재산세액 = 과세표준(시가표준액 × 공정시장가액비율) × 세율'이다.

● 다른 부동산으로 대신 납부하는 물납, 세액이 250만 원을 초과하면 분납이 가능하다.

종합부동산세

● 재산세 과세대상인 주택들의 공시가격을 합산한 금액이 6억 원

(1세대 1주택자는 11억 원 초과)을 초과하는 자는 주택에 대한 종합부동산세를 내야 한다.

- 계산식은 '(공시가격 합계액 − 일정 기준금액) × 100% × 세율'이다.
- 매년 12월 1일~15일에 납부하며, 세액이 250만 원을 초과하면 분납할 수 있다.

부동산 임대사업소득세

- 부동산을 임대하면 월세나 보증금에서 발생하는 이자상당액(간주임대료)을 신고해야 한다.
- 분리과세 방식을 선택한 경우 계산식은 '{임대수입금액 − (임대수입금액 × 필요경비율) − 공제금액} × 14% − 세액감면'이다.

양도소득세

- 양도 시 양도가액이 취득가액보다 높을 경우 차익에 대해 신고·납부하는 세금이다.
- 계산식은 '양도소득세 = 과세표준(양도차익 − 장기보유특별공제 − 양도소득기본공제) × 세율'이다.
- 1세대 1주택 비과세, 장기보유특별공제 요건을 잘 확인할 필요가 있다.

3장

주택 투자자를 위한 절세 디테일

주택 투자에 성공하려면
지역분석은 필수적이다

주택은 크게 단독주택과 공동주택으로 구분할 수 있으며 아파트, 주거용 오피스텔, 빌라, 다가구·다세대 등 그 종류가 다양하다. 최근 몇 년간 아파트의 가격상승률이 가파르게 오르고 있는데, 아파트에 거주하기 원하는 수요는 풍부한 반면에 공급은 부족해 실거주뿐만 아니라 투자용으로도 가치가 있기 때문이다. 그러나 지역에 상관없이 아파트를 구입한다고 무조건 오르는 것은 아니다. 특히 최근 아파트값의 가파른 상승으로 인해 하락 우려도 커진 만큼 투자용으로 접근할 때는 더욱 신중하게 판단해야 한다. 아파트뿐만 아니라 다른 주택을 구입할 때도 지금부터 세시할 조건들을 고려해 투자한다면 성공적으로 투자할 수 있을 것이다. 그럼 이제부터 주택을 고를 때는 무엇을 중점적으로 봐야 하는지 살펴보도록 하겠다.

직주근접은
무엇보다 중요하다

주택 투자 시 살펴봐야 할 첫 번째 항목은 출퇴근 시간을 절약할 수 있도록 직장과의 거리가 가까운가 하는 것이다. 직주근접성이 나빠 직장과 집의 거리가 멀어질수록 거리에서 낭비하는 시간이 많아지고 교통비 지출이 늘어나며 심신이 지치고 피곤해진다. 지출과 건강을 생각하면 주택에 좀 더 투자하더라도 출퇴근이 편리한 곳에 주택을 얻고 싶어 한다. 따라서 주요 업무지구에서 집까지 이동이 용이한 대중교통 노선을 주목할 필요가 있다.

서울은 대중교통이 지하철과 버스로 촘촘히 연결되어 있고, 특히 지하철은 9호선까지 있는 데다 경전철도 연결되어 있다. 또한 앞으로도 지하철이 연장되거나 경전철이 추가될 예정이다. 경기도는 서울과의 접근성을 높이기 위해 지하철노선이 연장되었고 서울과 경기 간 광역급행버스(M버스)로 이동이 쉽다. 대중교통으로 버스보다 지하철의 선호도가 높으므로 지하철노선을 중심으로 관심지역을 파악해볼 필요가 있다. 특히 최근에는 경기도와 서울의 주요 업무지구를 빠르게 연결하는 GTX(Great Train Express, 수도권 광역급행철도) 노선 주변이 많은 관심을 받고 있다. 서울 외에 대구, 부산 등 지방의 경우에도 지하철노선이 중요하므로 지하철노선 중심으로 역세권 지역을 체크해보면 주택 투자지역을 선정하는 데 도움이 될 것이다.

강남집값이 높은 이유는
학군 때문이다

직장과 집이 가까운지를 확인했다면 다음으로 학군수요를 분석해야 한다. 주택시장에 영향을 미치는 큰 변수 중 하나는 바로 학군이다. 강남이 주거지역으로 인기가 높은 것은 주변에 회사가 많고 교통이 편리한 것 외에도 탄탄한 학군수요가 받쳐주고 있기 때문이다. 아무리 부동산정책에 따라 주택가격이 요동을 치더라도 명문학군을 주변에 두고 있는 아파트의 가격은 쉽사리 내려가지 않는다. 수능만점자를 여러 명 냈던 대구의 수성구가 대표적인 예다.

최근 대입 정시비율 확대 발표로 인해 명문학군에 대한 수요가 더욱 증가할 것으로 예상되며, 이를 증명이라도 하듯 대입 정시비율 확대 발표 직후 강남과 목동의 주택가격과 전셋값이 오르고 있다. 최근에는 서울 마포구에 새로운 학원가가 형성되며 유망한 학군지역으로 자주 언급되기도 한다. 간략한 학군정보 및 그와 연계된 부동산정보를 충실하게 제공하는 유용한 사이트 몇 가지를 소개하니 참고하기 바란다.

더 알아보기

학군정보와 부동산의 정보를 얻을 수 있는 사이트

1. 네이버 부동산(land.naver.com)

2. 호갱노노(hogangnono.com)

3. 부동산다이어트(www.bdsdiet.com)

중대형 주택보다는
소형 주택을 구입하자

최근 다주택자들 사이에서 여러 채의 소형 주택을 처분하고 강남의 고가주택이나 중대형 주택으로 갈아타는 이른바 '똑똑한 한 채' 열풍이 일고 있다. 정부가 다주택자 규제를 연달아 내놓자 투자자들이 이를 피하기 위해 똑똑한 한 채만을 소유하는 전략을 취한 것이다. 이에 발맞추어 중대형 주택의 수요가 증가하고 가격도 오르는 추세다.

　그러나 인구 수와 가구 수가 가파르게 감소하는 상황에서 이러한 현상이 언제까지 지속될지는 불확실하다. 2020년 기준

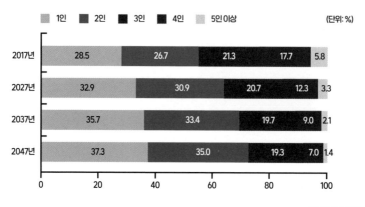

2017~2047년 주요 가구원 수별 구성비

	1인	2인	3인	4인	5인 이상
2017년	28.5	26.7	21.3	17.7	5.8
2027년	32.9	30.9	20.7	12.3	3.3
2037년	35.7	33.4	19.7	9.0	2.1
2047년	37.3	35.0	19.3	7.0	1.4

(단위: %)

출처: 통계청

으로 우리나라의 합계출산율은 1명에도 미치지 못하는 0.84명에 그치고 있다. 통계청 자료에 의하면 2027년에는 1인 가구와 2인 가구의 합이 63.8%에 달하고 3인 가구 수까지 포함하면 84.5%에 이를 것으로 예상된다. 이러한 상황에서 40평대이상 중대형 주택의 수요가 꾸준하게 이어지리라고 예측하기는 어렵다.

똑똑한 한 채의 영향으로 잠깐 중대형 평형의 인기가 높아지고 가격도 상승하고 있으나 언제 변곡점을 맞이하게 될지 모른다. 가격상승의 그래프가 방향을 바꾸어 하락세로 움직이기시작한다면 수요층이 얇은 중대형 평수는 매도에 어려움을 겪을 것이다. 따라서 안정적으로 꾸준하게 수요층을 형성하고 있는 소형 주택에 투자하기를 권한다.

주택임대사업자에게도
소형 주택이 유리하다

주택임대사업자 입장에서도 중대형 주택보다는 소형 주택이 세금 측면에서 유리하다. 예를 들어 전용면적 $60m^2$ 이하, 매매 가격 6억 원(수도권 외 지역은 3억 원) 이하의 아파트 같은 공동주택 또는 주거용 오피스텔을 최초로 분양받아 60일 이내에 주택임대사업자 등록을 하고 일정한 요건을 갖추면, 취득세 면제 또는 감면 혜택을 볼 수 있다.

이 외에도 재산세 감면, 종합부동산세 합산배제, 임대소득세 감면 등의 세제 혜택이 있다. 주택임대사업자는 임대주택 외에 2년 이상 실거주 주택을 팔게 되면 양도소득세 비과세 혜택도 볼 수 있다. 주택임대사업자의 세금 혜택에 대해서는 바로 다음 장에서 자세히 다루겠다.

부동산대책을 이길 수 있는
주택임대사업을 고려하자

현재까지의 부동산정책을 요약하면, 구도심 위주의 개발을 위한 도시재생과 주택임대사업자 육성이라고 말할 수 있다. 그런데 이러한 정책을 펼쳐야 하는 상황에서 2014년부터 상승하던 주택가격이 2017년부터 더 가파르게 오르기 시작했다. 주택임대사업자의 각종 세제 혜택이 급격한 집값 상승을 유발하는 원인으로 지적되었는데, 그에 따라 정부는 2017년 8·2 부동산대책과 2018년 9·13 부동산대책을 발표하기에 이른다. 이 시기에 발표한 정책의 핵심은 다주택자 규제로, 다주택자들이 과다한 주택을 소유함으로써 주택가격을 끌어올리고 있다고 판단했기 때문이다.

그러나 공공임대로 해결하지 못하는 주택 공급 부족 문제가 다주택자들로 인해 어느 정도 해결되는 긍정적 요소가 있음을 무시할 수 없다. 실수요 임차인들의 주거안정을 이루기 위해 정부는 주택임대사업자 등록을 늘려나가고, 이를 권장하기 위해 (축소되기는 했어도) 여러 방면에서 세제 혜택을 주고 있다. 그중 대표적인 것이 종합부동산세 합산배제 혜택이다.

2021년 12월 들어서 주택분 공시가격의 상승으로 종합부동산세 고지서가 발송되기 시작하자 다주택자들의 종합부동산세 상승 부담이 현실로 다가왔다. 더구나 2022년까지 이어지게 될 공시가격 상승은 다주택자들을 더 압박할 예정이다. 그러나 장기주택임대사업자 등록을 하게 되면 종합부동산세 합산배제 주택으로 인정되어 종합부동산세의 부담에서 벗어날 수 있다.

그렇다면 주택임대사업자 등록을 하게 되었을 때 종합부동산세 외의 다른 세제 혜택은 없을까? 부동산대책이 수차례 발표된 이후 취득세, 종합부동산세, 양도소득세 등의 세금이 많이 복잡하고 어려워졌다. 주택임대사업자가 직면하게 될 세금에 대해 종류별로 자세하게 알아보도록 하자.

주택임대사업자 등록 시
꼭 세무서에 방문해야 할까?

지방세와 국세의 세금 혜택을 받으려면 지방자치단체와 세무서에 주택임대사업자로 등록해야 한다. 세무서에 하는 주택임대사업자 등록은 의무사항인데, 직접 방문하지 않고도 홈택스에서 신청할 수 있다. 세무서에 주택임대사업자로 등록하지 않으면 미등록 가산세(수입금액×0.2%)가 부과된다.

반면 지방자치단체에 하는 주택임대사업자 등록은 의무사항이 아니며, 시·군·구청에 직접 방문하지 않아도 렌트홈 홈페이지(www.renthome.go.kr)에서 등록할 수 있다. 만일 의무임대기간을 채우지 못하고 매도하게 될 경우에는 3천만 원의 과태료가 부과되므로 단기보유 목적으로 주택임대를 하고자 한다면 홈택스를 이용해 국세청에만 사업자등록을 하는 것이 유리하다.

주택 취득 단계에서
부과되는 취득세

전용면적 60m² 이하, 매매가격 6억 원(수도권 외 지역은 3억 원)

이하 주택을 취득하고 다음의 요건에 해당한다면 취득세 면제 또는 감면 혜택을 받을 수 있다. 취득세의 면제 및 감면은 2024년 12월 31일까지만 적용되며, 취득세가 200만 원 이하인 경우에는 전액 면제, 200만 원을 초과하면 취득세의 85%를 감면한다.

① $60m^2$ 이하의 신축이거나 최초로 공동주택 또는 주거용 오피스텔을 분양받아 취득한 주택

② 취득일로부터 60일 이내에 지방자치단체에 임대주택으로 등록된 주택

③ 의무임대기간 준수

④ 임대료 증액 제한(5%) 준수

추가적으로 전용면적 $60m^2$ 초과~$85m^2$ 이하의 임대주택도 취득세 50% 감면의 혜택이 있다. 하지만 8년 이상 장기임대할 목적으로 20호 이상 취득한 경우에 한정되기 때문에 일반인들에게는 거의 적용되지 않는다.

주택 보유 단계에서 부과되는
재산세, 종합부동산세, 임대사업소득세

▼ 재산세

공동주택 또는 주거용 오피스텔을 2호 이상 임대 시 재산세 감면 혜택을 받을 수 있다. 이때 면적이 40m² 이하이면서 재산세가 50만 원 이하일 경우 단기임대와 장기임대 모두 재산세 전액이 면제되며, 50만 원을 초과할 경우에는 85%의 감면 혜택을 받을 수 있다. 그 외에는 임대기간과 면적에 따라 감면율이 다르다.

단기임대(4년)의 경우 면적이 40~60m²이면 50%, 60~85m²이면 25%의 재산세가 감면된다. 원칙적으로 재산세 감면을 받기 위해서는 공동주택 또는 주거용 오피스텔을 2호 이상 임대해야 한다. 그러나 장기임대(8년)이면서 40m² 이하인 경우에는 1호 이상의 임대도 재산세 면제 및 감면의 대상이 되며, 면적이 40~60m²이면 75%, 60~85m²이면 50%의 재산세가 감면된다. 주인세대를 제외한 모든 호수가 40m² 이하인 다가구주택의 임대도 재산세 면제 및 감면을 받을 수 있다.

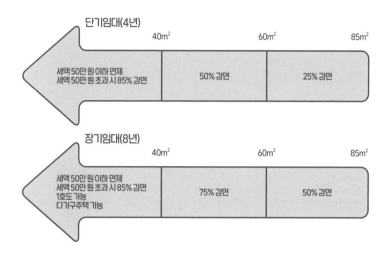

단기임대와 장기임대 시 재산세 해택

단기임대(4년)
40m²   60m²   85m²

세액 50만 원 이하 면제
세액 50만 원 초과 시 85% 감면 | 50% 감면 | 25% 감면

장기임대(8년)
40m²   60m²   85m²

세액 50만 원 이하 면제
세액 50만 원 초과 시 85% 감면
1호도 가능
다가구주택 가능 | 75% 감면 | 50% 감면

▼ 종합부동산세

과세기준일인 매년 6월 1일 기준으로 보유하고 있는 주택 및 토지의 공시가격 합산금액이 6억 원(1주택자는 11억 원)을 초과하게 되면 종합부동산세 납세의무가 발생한다. 그러나 지방자치단체와 세무서에 임대사업자 등록을 한 개인은 법에서 정한 요건을 갖춘 임대주택을 종합부동산세 과세대상 주택에 포함하지 않는데 이를 '종합부동산세 합산배제'라고 한다. 종합부동산세에 합산할 주택 및 토지에서 보유하고 있는 주택이 제외되면 그만큼 과세표준이 낮아져 세금을 절감할 수 있다.

종합부동산세 합산배제 주택의 요건

2018년 3월 31일 이전	2018년 4월 1일 이후	2018년 9월 14일 이후
· 공시가격 6억 원 이하 (수도권 외 지역 3억 원)	· 공시가격 6억 원 이하 (수도권 외 지역 3억 원)	· 공시가격 6억 원 이하 (수도권 외 지역 3억 원)
· 5년 이상 계속 임대	· 8년 이상 계속 임대	· 8년 이상 계속 임대 (조정대상지역 제외)
· 임대료 증액 제한(5%) 준수	· 임대료 증액 제한(5%) 준수	· 임대료 증액 제한(5%) 준수
· 지방자치단체와 세무서에 임대사업자 등록	· 지방자치단체와 세무서에 임대사업자 등록	· 지방자치단체와 세무서에 임대사업자 등록

종합부동산세 합산배제 주택의 요건은 2018년 3월 31일, 2018년 4월 1일, 2018년 9월 14일을 기점으로 차이가 있으니 유의해야 한다. 2018년 9월 14일 이후부터 1세대가 1주택을 보유한 채로 조정대상지역에 새로 취득한 주택은 장기주택임대사업자 등록을 하더라도 종합부동산세 과세대상이 된다.

▼ 임대사업소득세

주택임대사업을 하게 되면 사업자등록 여부와 상관없이 주택임대사업에서 발생하는 월세 및 보증금에 대해 종합소득세를 신고·납부해야 한다. 월세는 고가의 1주택자와 2주택자부터,

주택임대사업자 과세대상

구분	월세	보증금
1주택자	9억 원 초과 주택만 과세	비과세
2주택자	과세	
3주택자 이상	과세	합계 3억 원 초과부터 과세

보증금은 3주택자부터 보증금의 합계가 3억 원을 초과하는 부분에 대해 과세된다. 법에서 정한 간주임대료 계산식에 의해 계산된 금액을 수입금액으로 하며, 간주임대료 계산과정은 다음과 같다.

간주임대료＝(보증금 합계-3억 원)×60%×1.2%(2019년 기준 이자율, 수시로 변동 가능)

만약 보증금 합계액이 9억 원이라면 (9억 원-3억 원)×60% ×1.2%에 의해 간주임대료는 756만 원이 된다.

종합소득세 신고 시 지방자치단체와 세무서에 주택임대사업을 등록하고 법에서 정한 일정한 요건을 갖춘 임대사업자는 필요경비, 기본공제, 세액감면 등의 혜택을 받을 수 있다. 주택임대사업 소득에 대한 세제 혜택을 받기 위한 요건은 다음과 같다.

단기임대와 장기임대의 세액감면

구분*	필요경비	기본공제	세액감면
단기임대(4년)	60%	400만 원	30%
장기임대(8년)	(미등록은 50%)	(미등록은 200만 원)	75%

* 아파트는 2020년 7월 11일 이후 취득분부터는 임대 등록이 불가능하다.

① 국민주택규모(85m²) 이하의 주택일 것

② 단기(4년), 장기(8년)의 법정 의무임대기간 준수

③ 임대료 증액 제한(5%) 준수

④ 임대개시일 당시 공시가격이 6억 원 이하

위와 같은 요건을 갖추었다면 표에 나타낸 것과 같이 세제 혜택을 받을 수 있다.

주택 매도 단계에서 부과되는 양도소득세

1세대 1주택은 2년 이상 보유·거주하고 양도하면, 양도할 때 발생하는 양도차익에 대해 비과세 혜택을 받을 수 있다. 그러나 2주택 이상이 되면 비과세 혜택을 받을 수 없을 뿐만 아니라 조정대상지역의 경우 중과세까지 적용된다. 이때 거주주택

외의 다른 주택을 장기임대사업자 등록을 하고 임대하게 되면, 최초로 거주주택을 양도하는 경우 양도세 비과세를 적용받을 수 있다. 또한 장기임대주택으로 2020년 12월 31일까지 등록하면 장기특별공제 혜택도 있는데, 8년 임대 시 장기보유특별공제 50%를 적용하고 10년 임대 시에는 장기보유특별공제 70%를 적용한다. 만약 10년간 임대한 장기임대주택을 양도하고 1억 원의 양도차익이 발생했다면 장기보유특별공제 70%, 즉 7천만 원을 공제받을 수 있다. 다만 아쉬운 점은 2020년 이후 새로 취득한 주택은 해당 사항이 없다는 점이다.

이상으로 주택임대사업자의 세제 혜택에 대해 살펴보았다. 주택을 2채 이상 구입하고 단기에 매도할 목적이 아니라면 장기임대사업자로 등록하는 것이 취득세, 종합부동산세, 재산세, 양도소득세를 절세하는 하나의 방법이 될 수 있다.

더 알아보기

2021년 이후 조정대상지역 내 취득자

2018년 9월 14일 이후에 조정대상지역 내 주택을 취득하여 임대사업자 등록을 한 경우에는 장기보유특별공제 특례 혜택을 적용받을 수 없으며, 양도소득세 100% 감면 혜택을 적용받을 수 없다. 현재는 2년 이상 거주한 자가 주택을 양도 시 비과세 적용은 가능하다. 다만, 아파트는 주택임대사업자 등록이 불가하여 제외된다.

은퇴자들이 선호하는
상가주택의 절세방법

1955년생부터 1963년생까지 베이비붐 세대의 은퇴가 급격하게 이루어지고 있다. 은퇴하면 매월 고정적으로 들어오던 수입이 끊기게 되므로 앞으로의 생활에 대한 고민이 어깨를 무겁게 짓누른다. 창업을 계획하거나 재취업의 문을 두드리지만 생각처럼 쉽지가 않다. 창업의 경우 신규 창업의 10%만이 생존한다고 하니 까딱 잘못하면 투자금 전액을 잃을 수도 있다. 이런저런 고민 끝에 그래도 안정적인 투자라고 생각되는 부동산으로 수요가 몰리게 되는 것이다.

직장인들에게는 상가주택을 건축하거나 매입해 안정적인 노후를 대비하는 것이 꿈의 목표이기도 하다. 상가주택은 보통 상가주택 택지를 매입 후 건축하거나 기존의 상각주택을 리모델링한다. 1층에는 상가를 지어 직접 커피숍이나 빵집 등을 운영해 소득을 올리거나 임대를 하고, 위층에는 원룸주택을 지어 임대수익을 얻을 수 있다. 이러한 투자방식은 지역분석만 잘하면 노후 대비로 꽤 괜찮은 투자방법이다.

상가주택의 세금은 어떻게 절세할 수 있을까?

상가주택의 취득세, 재산세, 종합부동산세는 상가와 주택을 분리해 과세대상 여부와 세율을 판단한다. 취득세는 주택과 상가에 대한 세율이 다르므로 각각 해당하는 세율을 적용한다. 종합부동산세의 경우 공시가액이 11억 원을 초과하는 1세대 1주택은 과세대상이 되지만 상가는 과세대상이 아니다. 상가주택은 이외에도 상가를 임대하기 위해서 사업자등록을 하고 임차인에게 상가 임차료 부분에 대한 세금계산서를 발급해주어야 한다. 그리고 해마다 5월 1일에서 5월 31일에 종합소득신고를 해야 한다.

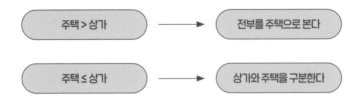

상가주택에서 주택과 상가의 비중

| 주택 > 상가 | → | 전부를 주택으로 본다 |
| 주택 ≤ 상가 | → | 상가와 주택을 구분한다 |

상가주택에서 절세할 수 있는 가장 중요한 세목은 양도소득세다. 상가주택에서 주택의 면적이 상가의 면적보다 크면 건물 전체를 주택으로 보는데, 이 경우 상가주택이 1세대 1주택에 해당되면 양도소득세 비과세 혜택을 받을 수 있다. 그러므로 상가주택을 건축할 때 주택과 상가 면적의 차이가 크지 않다면 되도록 주택의 면적을 더 크게 설계해야 한다.

만약 상가의 면적이 주택보다 크거나 같다면 상가와 주택을 따로 구분해 양도소득세를 계산한다. 따라서 주택에 대해서는 비과세가 가능하지만 상가 부분에 대해서는 양도소득세가 발생하며 장기보유특별공제도 최대 30%(15년 보유)까지만 가능하다. 다만 실거래가 11억 원을 초과하는 상가주택을 양도할 때는 상가와 주택을 면적비율로 구분해 양도소득세를 계산한다. 다음은 바뀐 세법에 따라 계산한 비교표다.

똘똘한 1주택에는
세금 혜택이 많다

최근 몇 년간 정부가 잇따라 발표한 부동산대책의 핵심은 서울 및 수도권, 세종특별자치시 같은 조정대상지역 내의 다주택자를 철저하게 규제하겠다는 것이다. 여기서 조정대상지역은 부동산시장 과열을 막기 위해 정부가 지정하는 지역을 말한다. 주택가격상승률이 물가상승률의 2배 이상이거나 청약경쟁률이 5:1 이상인 지역 등이 조정대상지역에 해당한다. 분양권 전매 제한, 1순위 청약자격 강화 등의 규제가 적용되는 곳이다. 조정대상지역은 부동산시장 상황에 따라 계속 바뀔 수 있는

데, 서울 전 지역, 경기도 일부 지역 등을 지정하고 있다(103쪽 참고).

따라서 정부의 규제 타깃이 되는 지역의 주택을 여러 채 보유하는 것보다 상승률이 높은 지역의 똘똘한 주택 한 채만 보유함으로써 규제를 피하는 것이 현명한 방법이다. 최근 강남 등 고가 아파트의 가격상승률이 다른 지역과 비교해 높게 나타나며 '똘똘한 한 채'라는 용어가 유행처럼 번지고 있는 이유이기도 하다.

똘똘한 1주택에는 어떤 세금 혜택이 있을까?

똘똘한 씨는 강남에 아파트를 구입해 7년간 거주하고 있다. 아파트는 시가 18억 원(공시지가 12억 원)이고 똘똘한 씨의 나이는 65세다.
다주택 씨는 강북에 아파트 3채를 구입해, 1채는 다주택 씨가 7년간 거주하고 있고 나머지 주택은 임대하고 있다. 아파트의 시가는 각각 6억 원(공시지가 4억 원)이며 다주택 씨의 나이는 65세다.

똘똘한 씨와 다주택 씨의 예시를 통해 1주택자에게 어떠한 이점이 있는지 살펴보자. 똘똘한 씨와 다주택 씨가 보유하고 있는 주택의 시가와 공시지가의 합계는 모두 동일하고 보유하고 있는 주택의 수만 다르게 가정했다.

▼ 재산세

재산세는 부동산을 보유하고 있는 사실 자체에 세금을 부과하는 보유세다. 매년 6월 1일을 기준으로 해 납세의무자를 판단한다. 만일 5월 31일에 소유자가 A에서 B로 변경되었다면 B가 재산세 납세의무를 진다. 재산세는 주택별로 세금이 부과되며 공시지가의 60%에 세율을 곱해 세금을 계산한다.

똑똑한 씨의 아파트 12억 원의 60%는 7억 2천만 원이며

똑똑한 씨와 다주택 씨의 재산세 비교

구분	똑똑한 씨	다주택 씨		
시가표준액	12억 원	4억 원	4억 원	4억 원
과세표준 (시가표준액×60%)	7억 2천만 원	2억 4천만 원	2억 4천만 원	2억 4천만 원
세율	0.4%	0.25%	0.25%	0.25%
세액	288만 원	60만 원	60만 원	60만 원
누진공제	63만 원	18만 원	18만 원	18만 원
재산세	225만 원	42만 원	42만 원	42만 원

다주택 씨의 아파트 4억 원의 60%는 2억 4천만 원이다. 재산세율은 3억 원을 초과하는 경우 0.4%(누진공제 63만 원)이며 1억 5천만 원을 초과하고 3억 원 이하인 경우에는 0.25%(누진공제 18만 원)다. 이를 바탕으로 똘똘한 씨와 다주택 씨의 재산세를 계산해보면 옆쪽 표와 같다.

재산세에서는 다주택 씨의 주택이 주택가격을 분산하는 효과가 있어 똘똘한 씨보다 40% 넘게 세액 절감효과가 있다.

▼ 종합부동산세

종합부동산세는 재산세와 마찬가지로 매년 부과되는 보유세지만 재산세와 다르게 개인별로 합산해 과세하며, 공시지가의 100%를 과세표준으로 한다. 1세대 1주택의 경우에는 공시지가에서 11억 원을 초과하는 금액의 100%에 대해 세금이 부과되며, 다주택자인 경우에는 공시지가에서 6억 원을 초과하는 금액의 100%에 대해 세금이 부과된다. 따라서 똘똘한 씨는 공시지가 12억 원 중 11억 원을 초과하는 1억 원의 100%가 과세표준이 되며, 다주택 씨는 공시지가 12억 원 중 6억 원을 초과하는 6억 원의 100%를 과세표준으로 한다. 여기에 1세대 1주택자는 장기보유 세액공제와 고령자 세액공제 혜택을 받을

장기보유 세액공제

기간	5년 이상~10년 미만	10년 이상~15년 미만	15년 이상
공제율	20%	40%	50%

고령자 세액공제

기간	60세 이상~65세 미만	65세 이상~70세 미만	70세 이상
공제율	20%	30%	40%

* 장기보유 세액공제와 고령자 세액공제를 합한 세액공제율은 80%를 한도로 한다.

수 있으므로, 똘똘한 씨는 장기보유 세액공제 20%와 고령자 세액공제 20%를 추가로 받을 수 있다.

계산기를 눌러서 비교하지 않더라도 직감적으로 똘똘한 씨가 다주택 씨보다 종합부동산세에서 훨씬 유리하다는 것을 알 수 있다. 실제로 계산해보면 똘똘한 씨가 다주택 씨보다 약 300만 원 정도 유리하다. 종합부동산세는 해마다 내는 세금으로 단순 계산했을 때 10년이면 3천만 원 가까이 차이가 난다. 그런데 해가 지날수록 공시지가가 오르고, 공시지가 반영률도 5%씩 인상되는 데다가(2022년 100%), 똘똘한 씨의 세액공제(장기보유세액공제, 고령자 세액공제)도 늘어나므로 다주택 씨와의 세금 차이는 더욱 크게 벌어질 것이다.

종합부동산세 비교

구분	똘똘한 씨	다주택 씨
공시지가	1억 원(12억 원-11억 원)	6억 원(12억 원-6억 원)
공시지가 반영률	100%	100%
과세표준	1억 원	6억 원
세율	0.6%	1.6%
누진공제	0	120만 원
산출세액	60만 원	840만 원
장기보유 세액공제	12만 원	0
고령자 세액공제	12만 원	0
납부세액	36만 원	840만 원

▼ 양도소득세

양도소득세는 부동산을 매각하면서 이익이 발생할 때 부과되는 세금이다. 1세대 1주택자로 양도소득세 비과세 혜택을 받으려면 2년을 보유해야 하고, 조정대상지역일 경우에는 2년 이상을 거주해야 한다. 1세대 1주택으로 이러한 비과세 요건을 갖추었다 할지라도 12억 원을 초과하는 고가주택은 12억 원을 초과하는 이익에 대해 과세된다. 그러나 고가주택으로 12억 원 초과 부분에 대해 과세되더라도 장기보유특별공제가 일반적인

양도소득세 기본 세율

과세표준	세율	누진공제
1,200만 원 이하	6%	-
1,200만 원 초과~4,600만 원 이하	15%	108만 원
4,600만 원 초과~8,800만 원 이하	24%	522만 원
8,800만 원 초과~1억 5천만 원 이하	35%	1,490만 원
1억 5천만 원 초과~3억 원 이하	38%	1,940만 원
3억 원 초과~5억 원 이하	40%	2,540만 원
5억 원 초과~10억 원 이하	42%	3,540만 원
10억 원 초과	45%	6,540만 원

* 조정대상지역에 2주택을 소유한 경우: 기본세율+20%
* 조정대상지역에 3주택 이상 소유한 경우: 기본세율+30%

경우보다 훨씬 높다. 똘똘한 씨와 다주택 씨가 주택을 매도했
다는 가정하에 비교해보자.

똘똘한 씨

1세대 1주택에 해당하지만 12억 원을 초과하므로 12억 원 초
과 부분에 대해 납세의무가 있다. 예를 들어 12억 원에 구입한
주택이 18억 원이 되어 양도이익이 12억 원이라고 하자. 똘똘
한 씨는 12억 원을 초과하는 부분(양도차익×12억 원 초과액÷매
도가액)에 대한 2억 원에 대해서만 양도소득세를 계산한다.

여기에 1세대 1주택자는 7년을 보유 및 거주한 경우 장기보유특별공제로 양노차익의 56%(보유기간(4%×7년)+거주기간(4%×7년))가 공제(8%×7년)되어 추가로 1억 2천만 원이 절감된다. 결과적으로 12억 원의 이익이 발생했지만 1억 9,800만 원에 대해만 세금이 계산된다. 똑똑한 씨의 양도소득세를 계산해보면 양도소득세는 약 5,489만 원이 된다.

똑똑한 씨의 양도소득세

양도차익	2억 원
장기보유특별공제	-1억 1,200만 원
양도차익	8,800만 원
양도소득기본공제	-250만 원
과세표준	8,550만 원
세율	24%
누진공제	-522만 원
양도소득세	1,530만 원

다주택 씨

다주택 씨의 주택도 매도 시 각각 3억 원씩 총 9억 원의 이익이 발생했다고 가정해보자. 일단 다주택 씨는 조정대상지역에 주택 3채를 보유하고 있으므로 장기보유특별공제가 적용되지 않는다. 따라서 맨 마지막에 팔게 되는 세 번째 주택을 1세대 1주택의 요건에 맞추어 매도한다고 하더라도 첫 번째와 두 번째 주택 매도 때 발생한 이익 6억 원에 대해서는 양도소득세를 납부해야 한다. 그런데 장기보유특별공제가 적용되지 않으므로 양도이익 6억 원 전체에 대해 양도소득세를 계산해야 한다. 여기에 다주택 씨의 주택은 조정대상지역에 해당되어 제일 먼저 팔게 되는 주택은 해당 세율에 20%를 할증하고 두 번째 주택에는 10%를 할증하게 된다.

다주택 씨의 양도소득세를 계산해보면(연도를 달리해 매도하는 것으로 가정) 첫 번째 주택 매도 시 양도소득세는 1억 5,315만 원, 두 번째 주택 매도 시 양도소득세는 1억 2,340만 원이 된다. 다주택 씨의 양도소득세를 합하면 2억 7,655만 원이나 된다. 이는 똘똘한 씨의 양도소득세와 무려 2억 2,166만 원이나 차이가 나는 금액이다.

다주택 씨의 양도소득세

	첫 번째 매도주택	두 번째 매도주택
양도차익	3억 원	3억 원
장기보유특별공제	0원	0원

양도차익	3억 원	3억 원
양도소득 기본공제	-250만 원	-250만 원
과세표준	2억 9,750만 원	2억 9,750만 원
세율	68%(38%+30%)	58%(38%+20%)
누진공제	-1,940만 원	-1,940만 원
양도소득세	1억 8,290만 원	1억 5,315만 원

* 연도를 달리해 매도한 것으로 가정한다. 만약 같은 해에 양도하게
  되면 두 번째 주택 매도 시 양도소득 기본공제 250만 원을 공제할
  수 없다(양도소득 기본공제는 1년에 한 번만 공제됨).

이렇게 재산세와 종합부동산세, 양도소득세를 비교해보면
1주택자가 세금 면에서 훨씬 유리하다는 것을 알 수 있다. 그래
서 똘똘한 1주택이 점차 중요해지고 있는 것이다.

2주택을 가지고 있어도 세금을 내지 않을 수 있다

현행 법령상 집을 2채 이상 소유하다가 매도할 경우에는 양도 소득세 중과세가 적용된다. 그러나 집 2채를 소유하는 목적이 상속이나 혼인 등 불가피한 사유 때문이라면 2채가 될지라도 1채로 본다. 이를 일시적 2주택이라고 하는데, 일시적 2주택의 경우 해당 집을 팔 때 양도소득세 비과세 적용을 받을 수 있다. 이처럼 집이 2채가 되어도 비과세를 적용받을 수 있는 사유가 몇 가지 있는데 각 사유별로 자세히 살펴보자.

일시적 2주택에
해당하는 경우

홍길동 씨는 서울 종로구 평창동에 위치한 주택에 20년간 거주하다가 2018년 4월 5일 남양주 다산지구로 이사를 계획하고 주택을 매수했다. 홍길동 씨는 평창동 주택을 매도하기 위해 중개사무소에 내놓았지만 1년이 넘도록 매도되지 않고 있다. 홍길동 씨가 평창동 주택에 대한 세금을 내지 않기 위해서는 언제까지 매도해야 하는가?

일시적인 2주택 비과세 특례 사유는 1세대 1주택자가 기존의 주택을 매도하지 않은 상태에서 새로운 주택을 구입한 경우를 말한다. 이때는 법에서 정한 요건을 갖추고 일정한 기간 내에 기존 주택을 매도하면 일시적 2주택에 해당되어 비과세를 적용한다. 일시적 2주택으로 비과세 혜택을 적용받기 위해서는 종전주택을 구입한 후 1년이 지나서 새로운 주택을 취득해야 하며, 새로운 주택을 구입한 후에는 종전주택을 3년 이내에 팔아야 한다.

다만 종전주택이 조정대상지역에 있는 상태에서 2018년 9월 14일 이후 조정대상지역 내에 새로운 주택을 구입한 경우에는 종전주택을 2년 이내에 팔아야 비과세가 적용된다. 2019년

일시적 1세대와 1주택 비과세 요건(개정 예정)

일반지역

🏠	1년 경과 후	🏠	3년 이내	🏠
종전주택 구입		신규주택 구입		종전주택 매도

조정대상지역

🏠	1년 경과 후	🏠	2년 이내	🏠
종전주택 구입		신규주택구입 (2018.0.14~2019.12.16 취득)		종전주택 매도

조정대상지역

🏠	1년 경과 후	🏠	1년 이내 전입 및 매도	🏠
종전주택 구입		신규주택구입 (2019.12.17 이후 취득)		종전주택 매도

12월 17일 이후 종전주택이 조정대상지역에 있는 상태에서 조정대상지역 내에 새로 취득하는 주택은 1년 이내에 신규주택으로 전입하고 1년 이내에 기존의 주택을 양도해야 한다.

이 사례에서 홍길동 씨가 새로 구입한 주택이 소재한 남양주시 다산지구는 조정대상지역에 해당한다. 홍길동 씨는 조정대상지역에서 조정대상지역으로 이주하는 것이지만 2018년 9월 14일 이전에 신규주택을 구입했으므로, 신규주택 구입일로부터 3년 이내인 2021년 4월 전까지 종전주택을 매도하면 평창동 주택을 비과세 적용받을 수 있다.

상속으로
2주택에 해당하는 경우

1세대 1주택인 시점에 부모님의 사망으로 인해 주택을 상속받은 경우에는 불가피하게 집이 2채가 된 것이다. 그러므로 원래 소유하고 있던 주택(이하 일반주택)을 팔 때 상속받은 주택이 없는 것으로 보고 1세대 1주택으로 양도소득세 비과세를 적용한다. 이때 일반주택의 양도기한에는 제한이 없다. 그러나 일반주택이 상속개시일에서 소급해 2년 이내에 부모님에게 증여받은 주택이라면 비과세를 적용받을 수 없으며, 상속받은 주택에 대해서도 비과세가 적용되지 않는다.

혼인이나 부모님과의 합가로
2주택에 해당하는 경우

결혼 전에 남자와 여자 모두 집을 소유하고 있다가 결혼을 해 합가했다면 의도치 않게 1세대 2주택자가 된 것이다. 이때도 불가피하게 2주택이 된 경우이므로 혼인한 날부터 5년 이내에 먼저 양도하는 주택은 1세대 1주택으로 여겨 비과세를 적용한다.

또한 1세대 1주택자가 60세 이상(질병으로 인한 합가는 60세 미만도 가능)의 부모님을 동거·봉양하기 위해 1세대 2주택이 된 경우에도, 세대를 합친 날부터 10년 이내에 먼저 양도하는 주택은 1세대 1주택으로 보아 비과세를 적용한다.

거주하는 주택을 소유한 자가 임대주택 또는 가정어린이집을 취득해 2주택에 해당하는 경우

거주하고 있는 주택을 소유한 자가 주택을 구입해 임대주택사업을 한다거나, 가정어린이집으로 등록해 소유하다가 거주주택을 파는 경우에는 1세대 1주택자 양도로 보아 양도소득세 비과세를 적용한다. 이 경우 소유한 주택에 반드시 2년 이상 거주를 해야 한다는 점을 주의해야 한다.

다만 2019년 12월 17일 이후부터는 소득세법과 민간임대주택법에 따른 임대사업자 등록을 한 경우라도 조정대상지역 내 임대주택은 거주요건 2년을 충족해야 1세대 1주택 비과세 혜택을 받을 수 있다.

부동산법인이
관심을 받는 이유

다주택자에 대한 규제가 강화되면서 법인 설립에 대한 관심이 높아지고 있다. 법인을 설립하면서 드는 비용과 매월 발생하는 고정비용을 제하고도 부동산을 양도할 때 개인보다 법인이 절세 측면에서 유리하기 때문이다. 부동산을 양도할 때 양도차익에 대해 법인은 법인세법의 적용을 받는데, 법인세법은 다주택자 양도소득세 중과 규정과 세율 적용에 있어서 개인의 소득세법보다 유리하다.

투자와 세금 면에서
부동산법인 설립의 장점

▼ 자금조달계획서에서 자유롭다

최근 들어 서울의 아파트값이 급등해 양도차익이 수억 원에 이르는 경우가 많다. 예를 들어 양도소득세 과세표준이 5억 원을 초과할 경우 조정대상지역에 3주택 이상을 소유한 다주택자는 기본세율(45%)에 30% 추가된 75%(지방소득세 제외)의 세율이 적용된다. 반면 법인은 비사업용 부동산에 대해 10%의 세율을 적용하고 다시 10%를 적용한 후의 법인소득에 대해 20%(지방소득세 제외)의 세율을 적용한다. 법인세법이 적용되면 소득세법을 따를 경우보다 세금이 50% 가까이 절약되는 효과가 있다.

▼ 주택구입자금 조달이 용이하다

개인이 주택구입자금을 조달하는 방법에는 자기자본을 활용하는 것과 대출을 받는 방법이 있다. 그런데 법인이라면 자기자본과 대출 외에도 투자를 받아 주택구입자금을 조달할 수 있다.

최근 부동산 투기 억제정책의 일환으로 투기과열지구 및

조정대상지역은 3억 원 이상, 비규제지역은 6억 원 이상의 주택 구입 시 '자금조달계획서'를 작성해 제출해야 하는데 이 절차가 매우 까다롭다. 부모님에게 돈을 빌린 경우에도 차용증서를 작성하고 통상적으로 인정되는 이자를 부모님에게 드리는 것이 입증되어야 한다. 형식적으로만 이자를 지급하는 것으로 차용증서를 작성하고 실질적으로는 이자를 지급하지 않는다면 나중에 세무조사 대상이 되었을 때 낭패를 볼 수도 있으므로 주의해야 한다.

그러나 법인으로 부동산 투자를 하면 본인이 가진 자금과 대출, 펀딩의 명목으로 자금을 조달할 수 있다. 즉 부모님에게서 자금을 융통한 경우 대출이 아니라 투자를 받은 것으로 처리할 수 있어 이자 지급 부분에서 조금은 자유로울 수 있다.

▼ 필요경비가 공제된다

개인이 부동산을 양도하면서 필요경비로 공제받을 수 있는 지출은 세법에 열거된 항목에 한정된다. 그러나 법인의 경우 사업상 필요에 의해 지출하는 식사비, 주유비, 접대비 등을 모두 필요경비로 인정받을 수 있다. 결국 법인은 양도금액에서 공제되는 필요경비의 금액이 개인보다 많아 양도차익이 줄어드는 효과가 있고 이는 세금이 줄어드는 효과로 이어진다.

▼ 건강보험료까지 절약된다

개인이 소득세법에 의한 임대사업자를 낼 경우 지역 건강보험료를 부담해야 하는데, 지역 건강보험료는 직장 건강보험료보다 상대적으로 부담스럽다. 법인의 대표이사로 급여를 받으면 직장 건강보험의 적용을 받아 건강보험료를 줄일 수 있다. 이때 대표이사의 급여를 최소로 하고 법인카드로 식사비나 주유비, 사무용품비 등을 지출하면 건강보험료를 더 줄일 수 있다.

투자와 세금 면에서
부동산법인 설립의 단점

▼ 고정비용이 지출된다

법인은 자금을 투명하게 관리해야 하므로 수입과 지출에 대한 내용을 장부에 빠짐없이 기록해야 한다. 혼자서는 양식에 맞게 장부를 작성하는 데 어려움이 있기 때문에 세무사 사무실에 의뢰하는 게 보통인데, 의뢰비용이 매월 10만 원에서 20만 원 사이다. 또한 1년에 한 번 법인세를 신고할 때 세무사 사무실에 조정료를 지불해야 하는데 최소 30만 원 이상의 조정료가 발생한다. 개인일 때는 부담하지 않았던 이런 고정비용을 지출하는 것이 처음에는 부담으로 느껴질 수 있다. 특히 부동산을 팔기 전에는 실제 수익이 발생하지 않더라도 매달 일정액의 비용을 지출해야 하기 때문이다.

▼ 취득세가 중과된다

과밀억제권역(서울 및 수도권)에서 사업장을 낼 경우 부동산을 구입할 때 취득세가 2~3배 중과된다. 이를 피하기 위해서는 서울 및 수도권 외 지역에 사업장을 두는 것이 좋은데, 실제 활동지역과 거리가 멀어지면 우편물을 수령할 때 불편하기도 하고, 과세당국의 의심을 받을 수도 있다. 서울 지역 중에서도 구로디지털단지, 가산디지털단지 같은 산업단지에서는 취득세가 중과되지 않으므로 이곳에 사업장을 임차하는 것도 좋은 방법이다. 요즘은 공유오피스가 활성화되어 있어 저렴한 임차료로 사무실을 임대할 수 있다.

▼ 종합부동산세가 중과된다

다주택을 보유한 법인의 경우에는 종합부동산세 과세표준 계산 시 공시가액에서 6억 원 공제 적용을 받을 수 없으며, 세율의 경우는 3%, 조정지역 내 2주택 이상 및 3주택 이상을 소유한 경우에는 6%의 최고세율이 적용된다.

더욱 깐깐해진
자금조달계획서

2020년 3월부터 자금조달계획서 관련 규제가 대폭 강화되었다. 투기과열지구나 조정대상지역에 3억 원 이상의 주택을 구입할 경우, 비조정지역에 6억 원 이상의 주택을 구입할 경우에는 '자금조달계획서'를 제출해야 한다. 투기과열지구에 9억 원 초과 주택 구매 시에는 자금조달계획서와 자금조달계획서에 기재된 내용을 증명할 수 있는 증빙서류 제출이 의무화되었다.

더불어 투기를 억제하겠다는 정부의 강한 의지가 반영된 '특별조사반'도 2020년 2월 21일부터 운영되고 있다. 특별조사반은 세무공무원이 아닌 사법경찰로 구성되며 부동산 실거래 집중조사와 편법증여, 불법대출, 청약통장 불법거래, 불법전

매 등 각종 부동산 불법행위에 대해 직접 수사를 전담한다.

특별한 소득 없이 고가의 주택을 구입하거나 주택 구입자가 30세 미만일 경우, 차입금이 과다하거나 현금의 비중이 높을 경우 세무조사 대상이 될 가능성이 높다. 만약 돈을 빌려준 사람이 사업자이고 세무조사 대상이 된다면 돈을 빌려준 자금의 출처를 추적하고자 지난 수년간의 사업소득에 대한 세무조사도 병행될 수 있다. 이 과정에서 주택구입자금과 별개로 뜻하지 않은 부분에서 고액의 세금을 납부하게 될 수도 있다. 자금의 출처를 추적하기 위해 본인뿐만 아니라 자금을 빌려준 지인에게까지 강도 높은 세무조사가 이루어질 수 있으므로, 만약 주변 지인을 통해 주택구입자금을 마련하려고 계획 중이라면 각별히 주의해야 한다.

개정된 자금조달계획서 양식은 자금조달 과정에서 위법 발생 가능성이 높은 항목을 구체적으로 기재하도록 하고, 조달자금 지급수단을 추가로 기재하도록 해 기존보다 신고 항목이 강화된다. 자금조달계획서 및 증빙서류는 계약체결일로부터 30일 이내에 신고관청에 제출해야 한다.

다음은 「부동산 거래신고 등에 관한 법률 시행규칙」 일부개정에 따른 필요서류를 정리한 것이다.

1. 자금조달·입주계획서 중 금융기관 예금액 항목 기재 시: 잔고증명서, 예금잔액증명서 등

2. 자금조달·입주계획서 중 주식·채권 매각대금 항목 기재 시: 주식거래내역서, 잔고증명서 등

3. 자금조달·입주계획서 중 증여·상속 등 항목 기재 시: 증여 ·상속세 신고서, 납세증명서 등

4. 자금조달·입주계획서 중 현금 등 기타 항목 기재 시: 소득 금액증명원, 근로소득원천징수영수증 등 소득증빙서류

5. 자금조달·입주계획서 중 부동산 처분대금 등 항목 기재 시: 부동산매매계약서, 부동산임대차계약서 등

6. 자금조달·입주계획서 중 금융기관 대출액 합계 항목 기재 시: 금융거래확인서, 부채증명서, 금융기관 대출신청서 등

7. 자금조달·입주계획서 중 임대보증금 등 항목 기재 시: 부동산임대차계약서

8. 자금조달·입주계획서 중 회사지원금·사채 등 또는 그 밖의 차입금 항목 기재 시: 금전 차용을 증빙할 수 있는 서류 등

부동산 구입과정에서 편법이나 불법을 막기 위해 서류 절차가 강화되었으니 필요서류를 미리 준비하지 않으면 안 된다. 다음은 자금조달계획서(입주계획서) 양식이니 어떤 내용이 들어가는지 참고하기 바란다.

■ 부동산 거래신고 등에 관한 법률 시행규칙 [별지 제1호의3서식]　　　부동산거래관리시스템(rtms.molit.go.kr)에
서도 신청할 수 있습니다.

주택취득자금 조달 및 입주계획서

※ 색상이 어두운 난은 신청인이 적지 않으며, [ ]에는 해당되는 곳에 √표시를 합니다.　　　　(앞쪽)

접수번호		접수일시		처리기간	

제출인 (매수인)	성명(법인명)		주민등록번호(법인 · 외국인등록번호)	
	주소(법인소재지)		(휴대)전화번호	

① 자금 조달계획	자기 자금	② 금융기관 예금액 　　　　　　　　원	③ 주식 · 채권 매각대금 　　　　　　　　원
		④ 증여 · 상속 　　　　　　　　원	⑤ 현금 등 그 밖의 자금 　　　　　　　　원
		[ ] 부부 [ ] 직계존비속(관계 : 　　) [ ] 그 밖의 관계(　　　　)	[ ] 보유 현금 [ ] 그 밖의 자산(종류 : 　　　)
		⑥ 부동산 처분대금 등 　　　　　　　　원	⑦ 소계 　　　　　　　　원
	차입금 등	⑧ 금융기관 대출액 합계　주택담보대출 　　　　　원	
		신용대출 　　　　　원	
		그 밖의 대출 　　　　　원	
		원　(대출 종류 : 　　　　　)	
		기존 주택 보유 여부 (주택담보대출이 있는 경우만 기재) [ ] 미보유　[ ] 보유 (　　건)	
		⑨ 임대보증금 　　　　　　　　원	⑩ 회사지원금 · 사채 　　　　　　　　원
		⑪ 그 밖의 차입금 　　　　　　　　원	⑫ 소계
		[ ] 부부 [ ] 직계존비속(관계 : 　　) [ ] 그 밖의 관계(　　　　)	원
	⑬ 합계		원

⑭ 조달자금 지급방식	총 거래금액	원
	⑮ 계좌이체 금액	원
	⑯ 보증금 · 대출 승계 금액	원
	⑰ 현금 및 그 밖의 지급방식 금액	원
	지급 사유 (　　　　　　　　　　　　　　　)	

⑱ 입주 계획	[ ] 본인입주 [ ] 본인 외 가족입주 　(입주 예정 시기 : 　년　월)	[ ] 임대 (전 · 월세)	[ ] 그 밖의 경우 (재건축 등)

「부동산 거래신고 등에 관한 법률 시행령」 별표 1 제2호나목, 같은 표 제3호가목 전단, 같은 호 나목
및 같은 법 시행규칙 제2조제6항부터 제9항까지의 규정에 따라 위와 같이 주택취득자금 조달 및 입주계획서
를 제출합니다.

　　　　　　　　　　　　　　　　　　　　　　　　　　　　　년　　월　　일

　　　　　　　　　　　　　　　제출인　　　　　　　　　　　　(서명 또는 인)

시장 · 군수 · 구청장 귀하

• 3장의 핵심내용 •

주택임대사업자의 절세

- **취득세:** 취득세의 면제·감면은 2021년 12월 31일까지만 적용되고, 취득세가 200만 원 이하인 경우에는 전액 면제, 200만 원을 초과하면 85%를 감면한다.

- **재산세:** 공동주택 또는 주거용 오피스텔을 2호 이상 임대 시 재산세 감면 혜택을 받을 수 있다. 면적 40m² 이하, 재산세 50만 원 이하면 단기임대와 장기임대 모두 재산세 전액이 면제되며 50만 원을 초과하면 85%의 감면 혜택이 가능하다.

- **종합부동산세:** 공시가격 6억 원 이하(수도권 외 지역 3억 원), 8년 이상 계속 임대(조정대상지역 제외), 임대료 증액 제한(5%) 준수, 지방자치단체와 세무서에 임대사업자 등록의 요건을 갖추면 종합부동산세 합산배제가 된다. 단, 2018년 9월 14일 이후 조정지역 내 취득분은 제외한다.

- **임대사업소득세:** 국민주택규모(85m²) 이하의 주택, 단기(4년)·장기(8년)의 법정 의무임대기간 준수, 임대료 증액 제한(5%) 준수, 임대개시일 당시 공시가격이 6억 원 이하의 요건을 갖추면 필요경비와 기본공제, 세액감면 혜택을 받을 수 있다.

- **양도소득세:** 1세대 1주택은 2년 이상 보유(단, 조정대상지역은 2년

이상 거주)하고 양도하면, 양도할 때 발생하는 양도차익에 대해 비과세 혜택을 받을 수 있다.

상가주택

주택이 상가보다 클 경우 상가주택이 1세대 1주택에 해당되면 양도소득세가 비과세된다. 상가의 면적이 주택보다 크거나 같다면 상가와 주택을 따로 구분해 양도소득세를 계산한다.

똘똘한 1주택

입지가 좋은 똘똘한 1주택자와 다주택자의 세금을 비교해보면 종합부동산세와 양도소득세 면에서 전자가 훨씬 유리하다.

부동산법인

- **장점:** 주택구입자금 조달 용이, 사업과 관련된 경비는 필요경비로 인정됨(개인은 법에 열거된 것만 인정)
- **단점:** 세무사 의뢰 등 고정비용 지출, 취득세 중과

4장

상가·오피스텔 투자자를 위한 절세 디테일

상가·오피스텔 투자 시 상권과 역세권부터 보자

자본금이 어느 정도 마련되어 있다면 상가와 오피스텔 투자도 고려해볼 수 있다. 상가와 오피스텔은 다른 용도로 구분되지만 세금 내용이 비슷한 수익형부동산이기 때문에 같은 챕터 안에서 다루기로 한다. 물론 상가와 오피스텔은 용도와 특징이 다른 만큼 투자 시 유의할 점도 다르다. 여기서는 상가의 상권분석과 업종분석, 오피스텔의 역세권분석에 대한 내용을 위주로 살펴보도록 하겠다.

상가 투자는
상권분석이 먼저다

최근 인구 고령화가 급속도로 진행되면서 연금처럼 매월 임대 수익을 얻을 수 있는 수익형부동산 투자가 인기를 끌고 있다. 수익형부동산이라고 하면 제일 먼저 떠오르는 것이 상가일 것이다. 그러나 상가 투자가 생각만큼 그리 녹록지는 않다. 우선 공실의 위험을 고려해야 한다. 출퇴근을 하는 도중에 도로 주변의 상가를 보면 요즘에는 1층임에도 불구하고 공실인 경우를 심심치 않게 목격하곤 한다. 특히 대단지로 입주해 상권이 좋을 것으로 예상되는 신도시도 상가 공실이 심각한 문제가 되고 있음을 여러 기사를 통해 알 수 있다.

상가는 공실이 생길 경우 대출이자 외에도 매월 관리비를 내야 하므로 부담이 만만치 않다. 그렇다고 임대료를 마냥 낮추거나 높일 수도 없는 노릇이다. 투자 대비 상가수익률을 고려해야 하고, 임대료 상한제가 적용되어 한번 임대료가 책정되면 상권이 좋아져 주변 상가 임대료가 올라도 마음대로 임대료를 올릴 수 없기 때문이다. 공실 위험을 줄이기 위해 상권을 분석하는 게 중요한데 일반인들이 상권을 분석하기는 쉽지 않다. 다행히 정부에서 창업을 희망하는 소상공인들을 위해 상권분석 등의 정보를 제공하고 있으니, 상가 투자 시에 이러한 정보를 이용하면 도움이 될 것이다.

더 알아보기

소상공인 상권정보시스템(sg.sbiz.or.kr)

1. 지원대상

전 국민(소상공인 창업에 관심이 있거나 현재 창업 중인 자)

2. 지원내용

• 상권분석: 특정 지역의 업종(추이, 창·폐업률), 매출, 인구(유동인구, 거주인구), 지역 특성(주요 집객시설, 학교, 교통 등) 등 상권정보를 제공한다.

• 경쟁분석: 업소별 경쟁영역 내 거래건수를 기반으로 경쟁수준을 평가할 수 있는 지표를 안전, 주의, 위험, 고위험의 4단계 경고 형태로 제공한다.

• 입지분석: 특정 입지에 대한 45개 표본업종별 입지가치(예상매출액)의 평균을 종합해 평가한 입지등급 정보를 제공한다.

• 수익분석: 특정 위치·업종의 추정매출액, 투자비 회수를 위한 목표매출 및 고객 수, 유사한 입지·업종의 매출현황의 비교분석 정보를 제공한다.

• 점포이력: 특정 위치의 개·폐업 이력 정보, 특정 업종의 창업 여부 및 영업기간 등의 정보를 제공한다.

상가 임대를 위해서는
업종분석도 중요한 절차다

임대가 목적인 부동산 투자자에게 웬 업종분석인가 싶겠지만, 장사가 잘될 업종을 취급하는 임차인에게 임대를 놓는 것 또한 상권분석만큼이나 중요하다. 영업이 잘되지 않는다면 임대료가 밀릴 수도 있고 심지어 임차인이 해놓은 상가 인테리어를 철거조차 하지 않은 채 임차인이 사라질 수도 있다. 그렇게 망해서 나간 자리라는 인식이 생기면 새로운 임차인을 구하기도 어렵다. 그렇다고 무작정 임대인이 일일이 잘될 만한 업종을 선별하고 그에 맞는 임차인을 찾아 임대를 놓는 것도 현실적으로 어려운 일이다.

이럴 때는 프랜차이즈협회, 프랜차이즈 창업박람회를 이용해보거나 유명 프랜차이즈의 이름만이라도 알고 있으면 도움이 된다. 업종별로 선두를 달리고 있는 프랜차이즈 업체는 보통 상권이 좋은 곳에 매장을 내므로 그 주변은 상권이 보장되었다고 생각해도 되기 때문이다.

시간이 된다면 매년 서울 코엑스에서 열리는 프랜차이즈 창업박람회에 가보는 것도 좋다. 프랜차이즈 창업박람회에 가면 직접 주요 프랜차이즈 업종을 살펴볼 수 있고 상담도 받을 수 있어 프랜차이즈 업종의 동향을 확인하는 좋은 기회가 될 수 있다. 또 직접 프랜차이즈협회에서 실시하는 교육을 받아볼 수도 있다. 직접 실무교육을 받으면 상권분석부터 프랜차이즈 업종까지 다양한 내용을 보다 더 구체적으로 살펴볼 수 있어 상가 투자에 대해 폭넓은 시각을 갖게 될 수 있을 것이다. 프랜차이즈협회 사이트(www.ikfa.or.kr/page/ci.php) 또는 프랜차이즈 창업박람회 사이트(www.franchisechangup.co.kr)를 통해 더 자세한 정보를 확인할 수 있다.

오피스텔 투자는 역세권분석이 먼저다

오피스텔이란 업무를 주로 하며 일부 숙식을 할 수 있도록 한 건축물로, 건축법에 의한 용도 구분상 일반 업무시설에 포함된다. 즉 분양을 받을 때는 업무용이지만 실제 사용은 사무실 용도로도 가능하고 주거용으로도 가능한 준주택에 해당한다.

과거에는 오피스텔의 바닥 난방공사가 여의치 않았기 때문에 업무용으로 많이 사용했지만, 요즘은 주거용으로도 많이 활용하고 있다. 오피스텔의 주요 수요층은 직장을 다니는 20~30대 싱글 직장인이다. 따라서 학군이나 주변 환경보다는 업무지역 가까이에 있거나 업무지역으로의 이동이 편리한 역세권에 위치한 오피스텔이 투자에 적합하다.

서울의 주요 업무지구로는 강남역, 종각역, 시청역, 광화문역, 여의도역 등을 들 수 있다. 사무실이 많이 밀집해 있는 이런 지역 주변이나 이동에 짧은 시간이 소요되는 곳에 위치한 오피스텔에 투자한다면 공실의 위험을 줄일 수 있다.

더 알아보기

지식산업센터

지식산업센터란 제조업, 지식산업, 정보통신업을 영위하는 사람과 지원시설이 복합적으로 입주할 수 있는 다층형(3층 이상) 집합건축물로서 6개 이상의 공장이 입주할 수 있는 건축물을 말한다. 지식산업산업센터는 아파트형공장에 정보통신업 등 첨단산업의 입주가 증가하는 현실을 반영해 기존 아파트형공장에서 명칭을 변경한 것이다.

참고로, 지식산업센터에 입주할 수 있는 시설은 제조업, 지식기반산업, 정보통신산업, 그 밖에 특정 산업의 집단화와 지역경제의 발전을 위해 산업단지관리기관 또는 시장·군수·구청장이 인정하는 사업을 운영하기 위한 시설, 벤처기업을 운영하기 위한 시설이다. 그 외에 입주업체의 생산활동을 지원하기 위한 시설로는 금융보험업 시설, 기숙사, 근린생활시설 등이 있다.

최근 지식산업센터가 인기 있는 이유는 지식산업센터를 분양받을 경우 대출이 80%까지 가능해 소액으로도 투자할 수 있기 때문이다. 또한 지식산업센터를 분양받을 경우 취득세 50%, 재산세 37.5%를 감면받을 수 있어 취득과 보유 단계에서 세제 혜택을 볼 수 있다. 이런 장점을 기반으로 지식산업센터는 계속해서 인기를 끌 수 있을 것으로 예상된다.

상가와 오피스텔의
공동명의와 부가가치세

상가나 오피스텔을 분양받을 경우에는 주택과 달리 지방세인 취득세뿐만 아니라 국세인 부가가치세도 납부해야 한다. 이는 상가나 오피스텔이 부가가치세가 부과되는 과세대상이기 때문이다. 이러한 세금을 고려하지 않고 투자할 경우 투자 수익률이 현저하게 낮아질 수 있다. 그렇다면 상가나 오피스텔을 분양받을 때 발생하는 세금에는 어떠한 것이 있으며 절세를 위해서는 무엇을 해야 할지, 공동명의가 얼마나 도움이 되는지 알아보자.

처음부터 공동명의 여부를
결정하는 게 유리하다

상가와 오피스텔의 취득세는 건물부분과 토지부분의 가액이 합쳐진 분양가액에 4.6%(취득세에 부가되는 세목인 농어촌특별세와 지방교육세 포함)를 곱해서 계산한다. 예를 들어 오피스텔의 분양가액이 1억 원이면 1억 원의 4.6%인 460만 원이 납부해야 할 금액이다. 여기서 우리는 부동산을 취득할 때 단독명의로 할 것인지, 공동명의로 할 것인지를 고려해야 한다. 부동산을 양도할 때 공동명의로 하면 나중에 이익을 분산하는 효과가 있어 단독명의보다 양도소득세를 절감하는 데 도움이 된다.

양도소득세는 금액이 클수록 세율이 높아지는 초과누진세율을 적용하고 있어 총금액을 분산하면 세율이 낮아진다. 그러면 취득 후 나중에 공동명의로 전환해도 되는데 굳이 취득 시점부터 이런 것을 고민해야 하는 이유는 무엇일까? 나중에 공동명의로 바꿀 경우 추가적으로 취득세 등을 납부해야 하는데, 그러면 절세 효과가 상쇄된다. 그러므로 처음부터 단독명의로 취득할 것인지 공동명의로 취득할 것인지를 결정하는 게 유리하다.

만약 위에서 예를 든 오피스텔을 취득 당시부터 지분 50%

공동명의 시점에 따른 취득세 예시

공동명의 시기	취득세	비고
취득 시 공동명의	남편: 230만 원 아내: 230만 원	지분 각각 50%
취득 후 공동명의	남편: 460만 원 아내: 230만 원	취득 시 남편 100% 50% 증여분에 대한 취득세

씩 부부 공동명의로 할 경우 납부할 취득세 등은 각각 5천만 원의 4.6%인 230만 원씩으로, 납부총액은 단독명의로 할 때와 똑같다. 그러나 단독명의로 취득하고 2년 후 지분을 50% 이전해 공동명의로 바꾸게 되면, 처음 취득할 때 취득세 460만 원을 납부하고 2년 후 공동명의로 이전하는 지분 50%에 대해서도 취득세 230만 원(물가상승률은 고려하지 않음)을 납부해야 한다. 따라서 양도소득세 절세를 위해 공동명의로 하고자 한다면 처음부터 공동명의로 취득하는 것이 유리하다.

상가나 업무용 오피스텔은
부가가치세도 부담해야 한다

부가가치세는 대지지분에 대해서는 과세를 하지 않고 건물부분에 대해서만 10%의 세금을 부과한다. 예를 들어 상가의 총

분양가가 5억 원이라고 하자. 이때 건물부분이 2억 원이고, 대지지분이 3억 원이라면 건물부분에 대해서만 부가가치세가 발생해 2억 원의 10%인 2천만 원을 납부해야 한다. 이렇게 납부한 부가가치세 2천만 원은 관할세무서로부터 환급받을 수도 있다.

부가가치세를 환급받기 위해서는 사업자등록을 해야 하는데, 일반과세사업자와 간이과세사업자 중 일반과세사업자로 사업자등록을 해야 부가가치세를 환급받을 수 있다. 따라서 취득 시에 발생하는 부가가치세를 환급받고자 한다면 일반과세사업자로 사업자등록을 신청해야 한다.

그런데 임대료가 연간 4,800만 원에 미달해 세무서에서 직접 일반과세자를 간이과세자로 전환시키는 경우가 있다. 만일 이렇게 되면 당초 분양받을 때 환급받은 부가가치세가 다시 추징될 수 있다. 일반과세자에서 간이과세자로 과세유형변경통지를 받은 임대사업자가 있다면 '간이과세 포기신고'를 통해 일반과세자 자격을 유지할 수 있는데, 통지서를 받은 즉시 신고해야만 불이익을 예방할 수 있다.

사업자등록 신청은 사업개시일로부터 20일 이내에 해야 한다. 여기서 사업개시일은 분양계약일부터가 기준이다. 사업개시일을 잔금지급일이나 등기접수일로 착각할 수 있으므로 주

사업자등록 신청 시 필요서류

필요서류	부가가치세 환급 여부
• 사업자등록신청서 • 분양계약서 사본 • 신분증	• 일반과세자: 환급규정이 적용된다. • 간이과세자: 환급규정이 적용되지 않는다.

의해야 한다. 다시 말해 부가가치세는 분양계약금이 납부될 때부터 발생하기 때문에 계약일로부터 20일 이내에 사업자등록을 해야 계약금 단계부터 발생한 부가가치세를 돌려받을 수 있다. 사업자등록신청서, 분양계약서 사본, 신분증을 가지고 세무서에 가면 무료로 사업자등록증을 받을 수 있다. 만약 여러 개의 상가를 한꺼번에 분양받는 경우에는 나중에 각종 세무신고와 상가 처분을 고려한다면 별개로 사업자등록증을 교부받는 것이 장기적으로는 절세가 된다.

기본적으로 상가를 분양받는다는 것은 분양받은 후 부동산임대업을 하고자 함이다. 즉 과세사업을 하겠다는 의미다. 그런데 만약 과세업종이 아닌 면세업종을 영위하는 경우에는 부가가치세를 환급받지 못하고, 환급받았다 하더라도 차후에 세금을 추징당할 수 있다는 점을 유의할 필요가 있다. 대표적으로 학원업, 의료업, 출판업 등의 업종이 면세사업에 해당한다. 이러한 면세업종을 임대인이 직접 분양받은 상가에서 운용하는

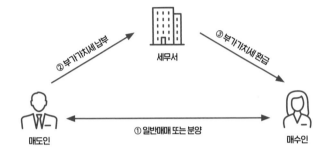

부가가치세의 흐름

세무서

② 부가가치세 납부

③ 부가가치세 환급

① 일반매매 또는 분양

매도인

매수인

경우에는 문제가 되지만 임차인이 학원사업 등의 면세사업을 할 때는 상관없다는 점도 알아두기를 바란다.

일반사업자와 간이사업자의 비교

부가가치세법상 부가가치세를 신고·납부해야 하는 사업자에 는 일반과세사업자와 간이과세사업자가 있다. 일반과세사업자 는 매번 거래 때마다 부가가치세를 거래징수하고 세금계산서 등의 증빙을 주고받아야 하며, 일정 기간 단위로 거래징수한 매출세액에서 매입세액을 차감한 금액을 납부해야 하는 번거 로움이 있다. 따라서 사업 규모가 일정 규모 미만인 영세사업자에 대해서 이와 같은 번거로움을 덜어주기 위해 간이과세제도를 도입하게 되었다. 간이과세사업자는 사업자등록 신청 시 업종 제한을 두고 있다. 업종이 제한되는 경우는 다음과 같다.

간이과세 적용 배제업종

- 제조업(과자점업, 양복점업 등은 제외)
- 도매업(소매업을 겸업하는 경우에는 소매업을 포함)
- 부동산매매업
- 광업
- 일정 규모 이상의 부동산임대업(둘 이상의 사업장 임대료 합계액이 4,800만 원 이상이거나 특별시 및 광역시 지역에 소재하는 부동산임대사업장을 영위하는 사업으로서 국세청장이 정하는 규모 이상의 사업)
- 과세유흥장소를 영위하는 사업(특별시, 광역시, 시 지역의 소재분에 한함)
- 변호사업, 공인회계사업, 세무사업 등 전문인적 용역업
- 사업장 소재지역, 사업의 종류와 규모 등을 감안해 국세청장이 정하는 기준에 해당하는 것

일반과세자와 간이과세자의 비교

구분	일반과세자	간이과세자
적용사업자	간이과세자가 아닌 모든 사업자	직전 연도의 연간 공급대가의 합계액이 8천만 원 미만인 개인사업자
과세표준	공급가액 (부가가치세 제외 금액)	공급대가 (부가가치세 포함 금액)
세율	10% 또는 0%	10%×업종별 부가가치율
거래징수	의무 있음	의무 없음
세금계산서	세금계산서 또는 영수증을 교부함	영수증만 교부 가능
납부세액	매출세액(공급가액×세율) - 매입세액	공급대가×부가가치율×10%
예정신고 및 납부	당해 예정신고기간의 과세표준과 세액을 자진신고 납부(법인에 한함)	없음
교부받은 세금계산서의 취급	매입세액으로 공제	'매입세액×업종별 부가가치율'을 납부세액에서 공제
미등록가산세	공급가액의 1%	공급가액의 0.5%
납부의무의 면제	없음	1과세기간의 공급대가가 4,800만 원 미만인 경우 납부의무 면제

사업자인 일반과세자와 간이과세자는 비슷한 점도 있지만 차이점도 있다. 주요 차이점은 표로 정리했으니 이해하는 데 훨씬 더 수월할 것이다.

상가와 업무용 오피스텔의
종합부동산세

종합부동산세는 매년 6월 1일 현재 재산세를 납부했던 납세의 무자 중에 법령에서 정한 토지나 주택을 과다하게 소유한 자에게 부과되는 국세다. 주택의 경우에는 정부가 산정한 주택의 공시가격을 기준으로 보유하고 있는 주택의 가격을 합산해 과세대상으로 산정하고 있다. 예를 들어 서울에 있는 공시가액 5억 원짜리 아파트와 수원에 있는 2억 원짜리 아파트를 소유하고 있다면 공시가액의 합계액은 7억 원이 된다. 그럼 7억 원 모두 과세대상이 되는 것이 아니라 정부가 설정한 기준금액인

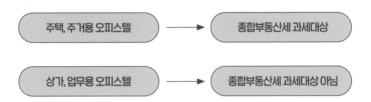

종합부동산세 과세대상

| 주택, 주거용 오피스텔 | → | 종합부동산세 과세대상 |
| 상가, 업무용 오피스텔 | → | 종합부동산세 과세대상 아님 |

6억 원을 기준으로 종합부동산세를 부과할지 말지를 정한다. 이 경우에는 기준금액인 6억 원을 초과했으므로 초과된 1억 원에 대해 종합부동산세를 부과하게 된다.

반면에 상가나 업무용 오피스텔의 경우 대지지분에 대해서는 종합부동산세가 부과될 수 있지만, 건물부분에 대해서는 종합부동산세 부과대상에서 제외되고 있기 때문에 건물부분만큼의 절세효과가 있다. 지난 몇 년간 정부가 연달아 부동산대책을 발표하면서 부동산 과다 소유에 대한 세금부담을 인상해온 세목이 바로 종합부동산세인 만큼, 상가나 업무용 오피스텔은 수익형부동산 상품이면서 보유세를 줄일 수 있는 절세상품이다.

물론 상가나 업무용 오피스텔의 경우에도 위에서 언급한 바와 같이 대지지분에 대해서는 종합부동산세 부과대상이 될 수 있다. 다만 대지지분의 가액이 공시지가 80억 원을 초과해야만 종합부동산세 과세대상이 된다. 그런데 강남 초역세권의

보유세 구분

구분	재산세	종합부동산세
건물부분	시가표준액의 0.25%	과세대상 제외
토지부분	시가표준액(개별공시지가)의 0.2~0.4%	공시가액의 0.5~0.7%

규모 있는 상가가 아니라면 공시지가만 따져서 80억 원을 초과하는 경우는 현실적으로 드물다고 볼 수 있다. 결국 거의 대부분의 상가와 업무용 오피스텔에는 종합부동산세가 부과되지 않는다고 생각해도 무방하다.

상가·오피스텔을 팔 때의 사업양수도계약서

상가나 업무용 오피스텔(이하 '상가 등'이라 함)을 분양받거나 매수하게 되면 세무서에 임대사업자 신고를 하고 사업자로서 상가 등의 매매나 임대에 대한 부가가치세 신고 및 납부 의무를 지게 된다. 즉 상가 등을 매도하는 사업자는 매수하는 사업자에게 받은 부가가치세를 세무서에 신고·납부할 의무를 지고, 매입하는 사업자는 매도하는 사업자에게 지불한 부가가치세를 세무서에서 환급받게 된다.

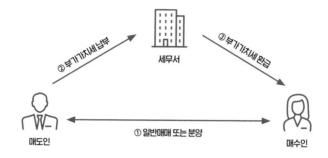

부가가치세의 흐름

②부가가치세납부 세무서 ③부가가치세환급

①일반매매 또는 분양

매도인　　　　　　　　　　　　매수인

　　매수사업자는 나중에 세무서에서 부가가치세를 환급받지
만 매매 시 부가가치세를 매도사업자에게 지불해야 하므로 자
금 부담이 따른다. 매수사업자의 이러한 부담을 덜어주기 위
해 포괄적인 사업양수도계약을 할 경우에는 부가가치세 신고
를 면제해주고 있다. 그러면 매수사업자가 상가 등을 매입할
때 매도사업자에게 부가가치세를 지불해야 하는 경제적 부담
이 사라지게 된다. 부가가치세는 건물부분 매매가액의 10%다.
예를 들어 건물부분 매매가액이 5억 원일 경우 부가가치세만
5천만 원이므로 매수사업자 입장에서는 경제적 부담을 크게
줄일 수 있다.

　　포괄적인 사업양수도계약이란 상가 등의 매도사업자에게
부여된 모든 채권과 채무가 매수사업자에게 이전되고 사업의

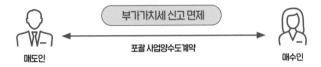

사업양수도계약

부가가치세 신고 면제

매도인 ← 포괄 사업양수도계약 → 매수인

동일성이 유지되는 계약을 말하는 것이다. 다시 말해 실질적인 사업의 내용은 그대로이고 명의만 변경된 것으로 볼 수 있는 계약이다. 임차인과 사업양수도계약을 할 경우에는 포괄적인 사업양수도에 해당되지 않아 부가가치세가 면제되지 않으므로 주의해야 한다. 매도사업자는 임대사업자인 반면 임차인은 영업을 하기 위해 상가를 매입한 것으로 사업의 동일성이 유지되지 않기 때문이다.

이처럼 매수인이 임대사업을 하지 않고 영업을 위한 상가 등을 매입할 때는 부가가치세를 매도사업자가 부담해야 하므로 매매할 때 반드시 부가가치세를 별도로 받아야 한다. 또한 매도인이나 매수인 어느 한쪽이 간이과세자인 경우에도 부가가치세 신고가 면제되지 않는다. 다시 말하면 매도인과 매수인이 모두 일반과세자인 경우에 부가가치세 신고가 면제된다.

사업양도신고서

접수번호	접수일	처리 기간	즉시

1. 양도자 인적사항

법인명(상호)		사업자등록번호
대표자명(성명)		전화번호
사업장 소재지		
업태		종목

2. 양수자 인적사항

상호		사업자등록번호
대표자명(성명)		
사업장 소재지		
업태		종목
사업양도 연월일		

3. 사업양도내용

양도되는 권리		양도되는 의무	
명세	금액	명세	금액
양도에서 제외되는 권리		양도에서 제외되는 의무	

「부가가치세법」 제10조제8항제2호 및 같은 법 시행령 제91조제2항의 표 제1호에
따라 사업을 양도했음을 신고합니다.

년   월   일

신고인   (서명 또는 인)

세 무 서 장   귀하

• 4장의 핵심내용 •

상권분석

상가는 공실 시 관리비 부담 등 위험요소가 커서 상권분석이 무엇보다 중요하다. 소상공인 상권정보시스템에서 상권에 대한 정보를 얻을 수 있다.

역세권분석

오피스텔의 수요층은 20~30대 싱글 직장인이 많으므로 서울 주요 업무지구인 강남역, 종각역, 시청역, 광화문역, 여의도역에서 가깝거나 이동이 편리한 지역이 유리하다.

공동명의

단독명의보다는 공동명의로 부동산을 양도하면 나중에 이익을 분산하는 효과가 있어 양도소득세를 절감하는 데 도움이 된다. 추후 공동명의로 바꾼다면 추가적으로 취득세 등을 납부해야 하므로 취득하기 전에 공동명의 여부를 미리 결정하는 게 좋다.

부가가치세

상가나 업무용 오피스텔은 건물부분에 대해 10%의 부가가치세를 납부해야 한다. 부가가치세를 환급받으려면 사업자등록을 해야 하는데, 일반과세사업자로 사업자등록을 해야 부가가치세를 환급받을 수 있다.

사업양수도계약

상가나 업무용 오피스텔의 매수사업자는 세무서에서 부가가치세를 환급받지만 매매 시 부가가치세를 매도사업자에게 지불해야 한다. 이때 포괄 사업양수도계약을 하면 부가가치세 신고가 면제되어 부담을 덜 수 있다. 포괄 사업양수도계약은 실질적인 사업의 내용은 그대로이고 명의만 변경한 것이라고 볼 수 있다.

5장

토지
투자자를 위한
절세 디테일

돈 되는 땅을 찾으려면
용도와 정책을 알아야 한다

다음 페이지에 나오는 이미지는 2019년 국정감사에서 제기된 제주도 부동산과 관련된 기사들이다. 땅은 하나인데 소유자만 445명씩이나 된다는 내용이다. 기사 내용을 읽어보지 않더라도 정상적인 거래가 아님을 단번에 알 수 있다. 기획부동산에 대한 피해는 너무나 많이 알려져서 '기획부동산은 곧 사기'라는 공식이 각인되어 있을 법도 한데, 그럼에도 불구하고 여전히 기획부동산에 속는 사람이 많은 듯하다.

토지 투자는 아파트와 달리 거래가 빈번하지 않아 적정가

격을 알기도 어려운 데다, 토지를 구입하는 목적이 해당 토지에 정해진 용도와 규제에 맞지 않으면 낭패를 볼 수밖에 없다. 따라서 토지 투자를 하고자 한다면 토지에 대한 기본적인 사항은 필수적으로 알고 있어야 한다.

모든 토지에는
용도가 정해져 있다

우리나라 모든 토지에는 토지별로 사용 가능한 용도가 정해져 있는데 이를 '지목'이라고 한다. 지목은 땅의 사용목적 정도로

토지의 지목

지목	기호	용도
전	전	곡물, 약초, 관상수 등의 재배(예: 밭)
답	답	벼, 연, 미나리, 왕골 등 물을 상시적으로 사용하는 식물 재배(예: 논)
과수원	과	과수류를 집단으로 재배하는 토지와 접속된 저장고
목장용지	목	축산업 및 낙농업을 하기 위한 초지 및 축사
임야	임	산림 및 원야를 이루고 있는 수림지, 죽림지, 암석지, 자갈땅, 모래땅 등
광천지	광	지하에서 온수, 약수, 석유류 등이 용출되는 곳
염전	염	소금을 채취하기 위한 토지 및 이에 접속된 제염장
대	대	주거, 사무실, 박물관, 미술관 등의 건축물과 택지조성 공사가 준공된 토지
공장용지	장	공장시설물 부지
학교용지	학	학교 부지
주차장	차	주차장 부지
주유소용지	주	주유소 부지
창고용지	창	독립된 창고 부지
도로	도	도로 부지
철도용지	철	철도 부지
제방	제	방사제, 방수제, 방파제 등
하천	천	자연의 유수가 있거나 있을 것으로 예상되는 토지
구거	구	인공적인 수로, 둑 및 소규모 하천
유지	유	물이 고이거나 상시적으로 물을 저장하고 있는 댐, 저수지, 연못 등

지목	기호	용도
양어장	양	육상에 인공으로 조성된 수산생물의 번식 또는 양식을 위한 시설
수도용지	수	물을 정수해 공급하기 위한 시설 부지
공원	공	「국토의 계획 및 이용에 관한 법률」에 따라 공원 또는 녹지로 결정 고시된 토지
체육용지	체	종합운동장, 야구장, 실내 체육관, 골프장, 스키장 등
유원지	원	동물원, 식물원, 경마장, 민속촌, 낚시터 등
종교용지	종	교회, 사찰, 향교 등
사적지	사	문화재로 지정된 역사적 유적, 고적, 기념물 등을 보존하기 위해 구획된 토지
묘지	묘	묘지로 조성된 토지
잡종지	잡	갈대밭, 실외에 물건을 쌓아두는 곳, 야외시장, 자동차운전학원 등

이해하면 된다. 예를 들어 상가주택을 짓기 위해 토지를 구입하고자 한다면 지목이 '대'로 되어 있는 토지를 구입해야 한다. 지목은 총 28가지로 다음과 같이 분류되어 있다. 이 중 개발하기 좋은 지목은 건축물을 지을 수 있는 '대'이다. 지가도 다른 지목에 비해 높게 형성되어 있다.

지목은 '씨:리얼'에서 쉽게 검색할 수 있으며, 방법은 다음과 같다. 검색 포털사이트에서 '온나라부동산포털'을 검색해 '씨:리얼'로 들어가거나, 홈페이지 주소(seereal.lh.or.kr)를 바로 입력해 사이트에 접속한다. 메인 화면 좌측 코너에서 '부동산 종합정보'를 클릭하면 오른쪽 화면에 주소입력 창이 뜬다. 검색창에 확인하고자 하는 주소를 직접 입력하거나 선택한다.

해당 주소의 지목, 면적, 공시지가 등이 조회된다.

앞에서 소개한 기사에 나온 주소를 입력해보면 지목이 '임야'로 나온다. 토지의 지목이 '임야'이므로 땅의 고저가 평지라 하더라도 지목을 변경하지 않으면 건축물 등을 지을 수 없다. 더구나 공유인 수가 445명이나 되니 개발 계획을 진행하려고 해도 의견 조율이 어려워 개발하기 힘들고 매매도 어렵다. 이렇듯 모든 부동산 투자와 마찬가지로 토지 투자 또한 여러 가지 조건을 따져보고 꼼꼼히 알아본 후에 투자를 결정해야 한다. 그래야만 최소한의 피해를 막을 수 있다.

토지 투자는 정책에 따라 울고 웃는다

땅값은 정부정책에 많은 영향을 받는다. 신도시 건설, 산업단지 조성, 철도, 항만, 공항 등의 대규모 개발사업은 정부 정책에 의해 추진되고 이러한 정책들은 땅값에 많은 영향을 미친다. 제4차 국토종합계획(2000~2020년)이 2020년에 마무리되고 새로이 제5차 국토종합계획(2020~2040년)이 시행되었다. 국토종합계획은 국토개발의 최상위 계획으로 20년 단위로 수립되며 전국의 토지가 대상이다. 국토종합계획은 장기 계획이라서 투자자들이 빠른 시일 내에 수익을 가져가지 못할 수도 있다. 그

러나 개발지역을 조금이라도 빨리 알아서 미리 행동하면 저렴하게 토지를 매입할 수 있는 기회가 된다. 그리고 땅은 오랜 기다림을 배신하지 않을 것이다.

제5차 국토종합계획 자료는 국토교통부 홈페이지(www.molit.go.kr)의 정책자료에서 검색해 확인할 수 있다. 국토종합계획이 최상위 개발 계획이라면 그 아래에는 도시계획, 택지계획, 정비계획, 지구단위계획 등의 좀 더 구체적인 개발 계획이 있다. 전국을 대상으로 투자지역을 물색한다면 제5차 국토종합계획을 이용하는 것이 좋고, 특정 지역에 투자하고 싶다면 구글을 이용해 해당 투자지역에 대한 개발 계획을 검색할 수 있다.

토지 투자 시
확인해야 하는 것들

토지를 매입하기 전에는 토지이용계획확인서와 등기부등본, 토지대장 문서를 분석해봐야 한다. 건물 건축 등 개발을 목적으로 토지를 구입하는 경우 토지이용계획확인서를 이용하면 원하는 목적대로 개발할 수 있는지 확인할 수 있다.

▼ 토지이용계획확인원

토지이용계획확인원은 토지이음 홈페이지(www.eum.go.kr)에서

조회할 수 있다. 홈페이지 중앙의 주소 검색에서 '토지이용계획'을 선택 후 주소를 입력하면 지목, 면적, 공시지가, 지적도, 용도지역, 용도지구 등에 대한 내용이 확인 가능하다. 토지이용계획 열람 후 왼쪽 카테고리의 '행위제한내용 설명'을 선택하면 구입하고자 한 목적에 맞게 건축할 수 있는지 관련 정보를 알 수 있다.

실제로 서울 성북구에 위치한 유명 제과점의 주소를 검색해보았다. 이 제과점은 외진 곳에 위치해 있고 교통이 불편하지만, 주변이 산으로 둘러싸여 있어 경관이 매우 수려해서인지 늘 사람들로 꽉 차 있다. 제과점 옆에 음식점이 한 곳 있는데 이곳도 늘 대기자가 길게 늘어서 있곤 한다.

이곳의 '토지이용계획'을 확인해보니 지목은 '대'이고 지적도에서 해당 지역이 다른 지역보다 진한 색으로 칠해져 있음을

볼 수 있다. 지적도 옆에 있는 범례를 확인해보면 이 지역은 '제
1종 일반주거지역'이다. 제1종 일반주거지역에서는 일반음식
점의 건축이 가능하다.

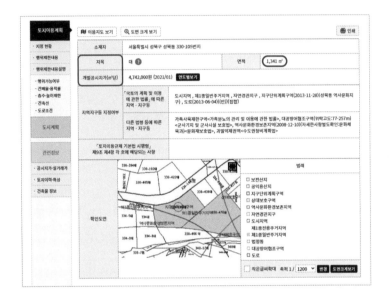

'행위제한내용 설명'을 살펴보면 건축 가능한 건물의 층수
및 면적을 확인할 수 있다(오른쪽 상단 이미지).

만약 우리가 레스토랑을 운영할 계획으로 근처에 있는 대
지를 구입한다고 가정해보자. 과연 여기에 음식점 건축이 가능
할까? 토지이용계획에서 보여주는 지적도의 색상만으로도 이
곳이 제1종 전용주거지역임을 확인할 수 있는데 이곳에서는

지역·지구	가능여부	조건·제한·예외사항
도로	건축금지 · 도시·군계획시설 외 건축물	도시·군계획시설에 대하여는 「국토의 계획 및 이용에 관한 법률 시행령」 제71조 내지 제82조의 건축제한 규정을 적용하지 아니한다.
지구단위계획구역	별도확인필요 - 건축물	지구단위계획구역에서 건축물을 건축 또는 용도변경하거나 공작물을 설치하려면 그 지구단위계획에 맞게 하여야 한다. 다만, 지구단위계획이 수립되어 있지 아니한 경우에는 그러하지 아니하다. ※ 담당 과를 방문하여 토지이용과 관련한 지구단위계획을 별도로 확인하시기 바랍니다.
가축사육제한구역	검색결과 없음	
과밀억제권역	검색결과 없음	
대공방어협조구역	검색결과 없음	
문화재보존영향 검토대상구역	검색결과 없음	
자연경관지구	건축가능 - 일반음식점	건축물의 높이는 3층 이하로서 12미터 이하로 하여야 한다. 다만 다음 각 호의 어느 하나에 해당하는 지역으로서 구청장이 시도시계획위원회의 심의를 거쳐 지정 공고한 구역안에서는 건축물의 높이를 4층 이하로서 16미터 이하로 할 수 있다. 1. 인접지역과 높이차이가 현저하여 높이제한의 실효성이 없는 지역으로서 건축규제를 완화하여도 조망축을 차단하지 않고 인접부지와 조화를 이룰 수 있는 지역. 2. 너비 25미터 이상 도로변에 위치하여 경관지구의 기능을 유지하면서 토지이용의 효율성 제고가 필요한 지역. 3. 「도시 및 주거환경정비법」 제2조제3호에 따른 노후·불량 건축물이 밀집한 지역으로서 건축규제를 완화하여 주거환경 개선을 촉진할 수 있고 주변지역의 경관유지에 지장이 없는 지역. 또한, 도시계획시설을 다룬 각 호의 건축물로서 시장이 시도시계획위원회의 심의를 거쳐 도시의 경관 보호에 지장이 없다고 인정하는 건축물의 경우에는 높이를 7층 이하로서 28미터 이하로 할 수 있다. 다만, 대지의 표고가 해발 70미터 이상인 경우에는 건축물의 높이를 5층 이하로서 20미터 이하로 하여야 한다. 1. 「교육기본법」에 따른 학교. 2. 특별법에 따라 설립된 정부출연 연구기관. 3. 「의료법」 제33조제2항제2호 부터 제5호까지의 규정에 따라 개설된 종합병원. 4. 국가 또는 지방자치단체의 청사
제1종일반주거지역	건축가능 - 일반음식점	4층 이하의 건축물에 한한다. 같은 건축물에 해당 용도로 쓰는 바닥면적의 합계가 1천제곱미터 미만인 것에 한한다.

지역·지구	가능여부	조건·제한·예외사항
도로	건축금지 · 도시·군계획시설 외 건축물	도시·군계획시설에 대하여는 「국토의 계획 및 이용에 관한 법률 시행령」 제71조 내지 제82조의 건축제한 규정을 적용하지 아니한다.
지구단위계획구역	별도확인필요 - 건축물	지구단위계획구역에서 건축물을 건축 또는 용도변경하거나 공작물을 설치하려면 그 지구단위계획에 맞게 하여야 한다. 다만, 지구단위계획이 수립되어 있지 아니한 경우에는 그러하지 아니하다. ※ 담당 과를 방문하여 토지이용과 관련한 지구단위계획을 별도로 확인하시기 바랍니다.
가축사육제한구역	검색결과 없음	
과밀억제권역	검색결과 없음	
대공방어협조구역	검색결과 없음	
문화재보존영향 검토대상구역	검색결과 없음	
자연경관지구	건축가능 - 일반음식점	건축물의 높이는 3층 이하로서 12미터 이하로 하여야 한다. 다만 다음 각 호의 어느 하나에 해당하는 지역으로서 구청장이 시도시계획위원회의 심의를 거쳐 지정 공고한 구역안에서는 건축물의 높이를 4층 이하로서 16미터 이하로 할 수 있다. 1. 인접지역과 높이차이가 현저하여 높이제한의 실효성이 없는 지역으로서 건축규제를 완화하여도 조망축을 차단하지 않고 인접부지와 조화를 이룰 수 있는 지역. 2. 너비 25미터 이상 도로변에 위치하여 경관지구의 기능을 유지하면서 토지이용의 효율성 제고가 필요한 지역. 3. 「도시 및 주거환경정비법」 제2조제3호에 따른 노후·불량 건축물이 밀집한 지역으로서 건축규제를 완화하여 주거환경 개선을 촉진할 수 있고 주변지역의 경관유지에 지장이 없는 지역. 또한, 도시계획시설을 다룬 각 호의 건축물로서 시장이 시도시계획위원회의 심의를 거쳐 도시의 경관 보호에 지장이 없다고 인정하는 건축물의 경우에는 높이를 7층 이하로서 28미터 이하로 할 수 있다. 다만, 대지의 표고가 해발 70미터 이상인 경우에는 건축물의 높이를 5층 이하로서 20미터 이하로 하여야 한다. 1. 「교육기본법」에 따른 학교. 2. 특별법에 따라 설립된 정부출연 연구기관. 3. 「의료법」 제33조제2항제2호 부터 제5호까지의 규정에 따라 개설된 종합병원. 4. 국가 또는 지방자치단체의 청사
제1종전용주거지역	건축금지 - 일반음식점	

일반음식점의 건축이 불가능하다. '행위제한정보'에서도 건축이 불가능함을 확인할 수 있다(하단 이미지). 토지이용계획확인원을 열람하지 않고 레스토랑을 운영할 목적으로 무턱대고 토지를 구입했다면 낭패를 보았을 것이다.

▼ 등기부등본과 토지대장

등기부등본에서는 소유권과 권리관계를, 토지대장에서는 면적과 토지의 현황을 본다. 만약 등기부등본과 토지대장을 대조해 일치하지 않는 부분이 있다면 소유자에 관한 사항은 등기부등본의 내용으로, 토지의 면적·지목·용도 등이 일치하지 않을 경우에는 토지대장의 내용으로 판단하면 된다.

토지를 취득한다면
취득세를 부담해야 한다

토지를 취득하게 되면 다른 부동산처럼 취득세를 부담해야 한다. 다만 토지는 건물과 달리 취득 시 부가가치세 면세규정에

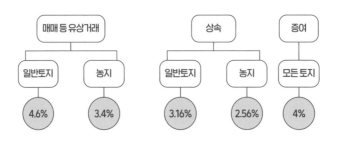

취득유형별 세율(농어촌특별세, 지방교육세 포함)

해당하므로 부가가치세가 발생하지 않는다. 취득세는 취득가액에 왼쪽 하단의 도표에서 해당하는 세율을 적용해 계산한다.

예외적으로 택지개발 등으로 인해 국가에 수용되는 종전의 부동산을 대체할 목적으로 새로이 부동산을 취득했을 때는 취득세를 면제한다. 다만 이때 새로 취득한 부동산의 금액이 종전 부동산의 금액을 초과한다면 초과하는 부분에 대한 취득세는 납부해야 한다.

사업용 토지를 소유해야
세금 면에서 유리하다

국토의 효율적인 이용을 위해 국가에서는 모든 토지에 용도를 정하고 있으며, 토지 소유자는 국가에서 정한 용도에 맞게 토지를 이용해야 한다. 토지의 용도는 지목으로 확인할 수 있다. 만일 용도(지목)에 맞지 않게 토지를 보유할 경우 비사업용 토지로 보아 세금(보유세인 재산세와 종합부동산세, 양도소득세)에 불이익을 주고 있다. 투자 용도로 구입한 비사업용 토지를 사업용 토지로 인정받기 위해서는 법에서 정한 요건을 갖추어야 한다.

사업용 토지로
인정받기 위한 조건

농지, 임야, 목장용지를 사업용으로 인정받기 위해서는 기본적으로 갖추어야 할 요건이 있다. 먼저 농지의 경우 해당 지역에서 직선으로 30km 이내 거리에 가족 모두가 거주해야 하고 직접 농업 등에 종사해야 하는 자경요건이 있다. 농지의 사업용 토지 판정 시 자경요건은 다음과 같다.

① 농작물의 경작 또는 다년생 식물의 재배에 상시 종사
② 농작업의 1/2 이상을 자기 노동력에 의해 경작 또는 재배하고 자기 노동시간의 1/2 이상 경작 또는 재배에 사용
③ 근로소득(총급여) 및 사업소득(농업·축산업·임업 및 비과세 농가 부업소득, 부동산임대소득 제외)이 연간 3,700만 원 이상인 경우 해당 연도는 자경기간에서 제외

그다음으로 해당 토지를 일정 기간 동안 직접 용도에 맞게 사용해야 하는 기간 요건이 있다. 법에서 정하고 있는 기간은 다음 세 가지 중 한 가지 조건을 만족해야 한다.

사업용 토지

주말농장 1천m² 이내

사업용 토지로 인정

농지은행 8년 이상 위탁

① 양도일 직전 3년 중 2년을 직접 사업(자경)에 사용

② 양도일 직전 5년 중 3년을 직접 사업(자경)에 사용

③ 보유기간 중 보유기간의 60% 이상을 직접 사업(자경)에
   사용

농지의 자경요건 중 근로소득 등의 소득이 연 3,700만 원
이상일 경우에 사업용 토지로 인정받을 수 없는데, 다른 업종
에 종사하면서 투자 목적으로 구입한 농지일 경우 소득 기준을
맞추기는 쉽지 않다. 하지만 그래도 길은 있다.

첫째, 1천m²(약 300평) 이내의 농지라면 구입 후 주말농장으
로 이용하는 방법이다. 1천m² 이내의 농지를 주말농장으로 사
용할 경우 사업용 토지로 인정되어 절세할 수 있다. 둘째, 농지

를 구입해 농지은행에 위탁경영하는 방법이다. 직접 농업에 종사하지 않더라도 농지은행에 위탁해 8년간 임대할 경우 사업용으로 인정받을 수 있다. 농지은행 사이트(www.fbo.or.kr)에 접속하면 가까운 농지은행 지점 위치를 알 수 있고 인터넷으로 농지임대 신청도 가능하다.

이 외에 다음 경우에도 사업용 토지로 인정된다.

① 상속으로 취득한 농지를 상속개시일로부터 5년 이내 매도하는 경우
② 직계존속(부모, 조부모 등)이나 배우자가 8년 이상 재촌·자경한 농지, 임야, 목장용지를 상속·증여받은 경우
③ 2005년 12월 31일 이전에 취득한 종중(宗中)이 소유한 토지
④ 공익사업을 위해 협의매수·수용되는 토지로서 취득일이 사업인정고시일로부터 2년 이전인 토지

용도에 맞지 않게 사용하는 농지, 임야, 목장용지뿐만 아니라 나대지도 비사업용 토지에 해당한다. 나대지는 지목이 '대'이거나 '잡종지'인 토지로, 토지 위에 건물 등이 세워져 있지 않거나 주차장과 같은 사업의 용도로 사용되지 않고 방치되어 있

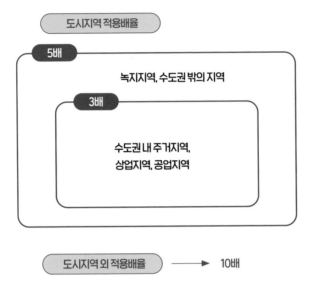

도시지역(수도권 내)과 도시지역 외 적용배율

도시지역 적용배율

5배

녹지지역, 수도권 밖의 지역

3배

수도권 내 주거지역,
상업지역, 공업지역

도시지역 외 적용배율 ⟶ 10배

는(유휴토지) 토지를 말한다. 투자 목적으로 구입한 나대지를 사업용 토지로 인정받는 방법에 대해 알아보자.

첫째, 무주택자가 나대지를 $661m^2$ 이하로 취득하면 사업용 토지로 인정받을 수 있다.

둘째, 나대지에 건물이나 주택을 지으면 사업용 토지로 인정받을 수 있다. 이때 용도지역별로 정해진 배율을 준수해야 한다. 용도지역별로 정해진 배율(적용배율)을 초과할 경우 초과되는 부분은 비사업용 토지에 해당한다. 건축물의 면적에 적용배율을 곱한 면적만큼을 사업용 토지로 인정한다. 예를 들어 도시지역 수도권 내 의 상업지역에 소재한 661m² 대지에 165m²의 건물을 건축하면 165m²의 3배인 495m²까지는 사업용 토지로 인정되고, 초과되는 165m²의 토지는 비사업용 토지로 본다. 또한 건물을 짓는 데 큰 비용이 들어가므로 어떠한 건물로 짓는 것이 좋을지 건축전문가와 꼭 상의할 필요가 있다.

셋째, 토지를 3년 정도만 보유할 계획으로 나대지를 구입했다면 구입한 지 2년이 지난 후 매도 전에 착공한다. 건물이 없는 토지를 사업용으로 사용하기 위해 취득하고 건설에 착공한 경우 토지 취득일로부터 2년 및 착공기간은 사업용으로 인정된다. 따라서 취득일로부터 2년이 지난 후 매도하기 전에 공사를 시작하고 매도하게 되면 사업용 토지로 인정되어 세금을 절감할 수 있다. 이때는 절감되는 세액과 착공 시 들어가는 비용을 비교해서 판단해야 한다.

넷째, 폐가가 있는 토지를 3년 정도만 보유할 계획으로 구입했다면 구입 후 1년 내 폐가를 철거한다. 건물이 멸실되거나 철거된 토지는 멸실·철거된 날로부터 2년간 사업용 토지로 인정된다. 구입 후 1년 안에 폐가를 철거하면 철거 후 2년의 기간을 사업용 토지로 보기 때문에 보유기간 3년 중 2년이 사업용 토지로 인정되어 세금을 절감할 수 있다.

다섯째, 캠핑장으로 개발하거나 드론시험장 등으로 개발한다. 이러한 방법은 건물을 짓지 않아도 되므로 비용이 많이 발생하지 않는 장점이 있다. 다만 어떤 용도로 사용할지 그 방향을 정해야 하므로 캠핑장이나 요새 유행하는 드론시험장 등의 시설을 현장답사 한 뒤 방향을 결정하는 것이 좋다.

여섯째, 주차장으로 활용하는 것이다. 이때 주의할 점은 주차장은 토지 소유자 본인이 직접 운영해야 하며, 주차장 연 매출이 토지 공시지가의 3%를 넘어야 한다는 것이다. 또한 지방자치단체에 토지를 주차장 용도로 무상제공할 경우에도 사업용 토지로 인정될 수 있다.

사업용 토지의
재산세와 종합부동산세

지금까지 비사업용 토지를 사업용 토지로 전환하는 방법에 대해 알아보았다. 그렇다면 이제 사업용 토지로 인정될 경우 비사업용 토지와 비교해 어떤 세금을 얼마큼 절세할 수 있는지 자세히 알아보자.

토지는 구입할 때는 취득세가 발생하고, 보유기간 동안에는 보유세인 재산세와 종합부동산세가 발생하며, 매도할 때는 양도소득세가 발생한다. 사업용 토지는 보유세인 재산세와 종합부동산세, 양도소득세 부분에서 비사업용 토지보다 유리하다.

사업용 토지의 재산세와 종합부동산세는
얼마나 유리할까?

토지를 보유하고 있으면 지방세인 재산세와 국세인 종합부동산세를 납부할 의무가 있다. 재산세와 종합부동산세는 1년에 한 번, 매년 6월 1일에 사실상 토지를 소유한 사람에게 지방자치단체나 국가에서 납부할 세금을 계산해 고지서를 발송한다. 예외적으로 종합부동산세는 토지 소유자(납세의무자)가 신고하는 방식을 선택해, 직접 신고서를 작성하고 세액을 계산해 납부할 수도 있다.

1월 1일부터 12월 31일 사이에 소유권의 변동이 있을 경우 6월 1일을 기준으로 세금을 납부할 납세의무자가 정해진다. 그래서 6월 1일 전후로 매매 시 매수자는 6월 1일 이후에 잔금을

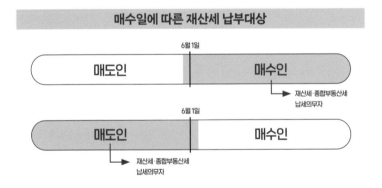

매수일에 따른 재산세 납부대상

치르고자 할 것이고 매도자는 6월 1일 이전에 잔금을 받고 등기를 이전하려고 할 것이다. 토지를 매수하거나 매도하려고 할 경우 세제상의 불이익을 받지 않으려면 과세기준일 6월 1일을 잘 기억해둬야 한다.

골프장, 고급오락장 등 사치성 재산은 4%의 높은 세율을 적용하고, 농지 및 목장용지는 0.07%의 낮은 세율을 적용한다. 이때 낮은 세율을 적용받는 농지 및 목장용지는 도시지역 밖에 소재해야 한다. 별도합산과세 대상 토지는 영업용 건축물에 딸린 토지와 건축물의 부속토지로 보는 토지(각종 허가 기준상 의무적으로 보유해야 하는 영업용 토지 등)가 있으며, 경제적 활동에 사용되는 토지들이 해당한다.

건축물의 부속토지는 법에서 정한 건축물의 적용배율까지 합산해 과세하고, 적용배율을 초과하는 부분의 부속토지는 종합합산과세한다. 별도합산과세는 초과누진세율을 적용하고 있으며 합산된 금액의 크기에 따라 0.2~0.4%의 세율을 적용한다. 분리과세 대상 토지와 별도합산과세 대상 토지에 해당하지 않는 토지를 모두 합산해 과세하는 방식이 종합합산과세다. 합산된 금액의 크기별로 0.2~0.5%의 세율로 과세하며, 나대지는 종합합산과세 대상에 해당한다. 다만 주택의 부속토지는 주택가액과 합산해 주택에 대한 재산세율을 적용해 과세한다.

주요 토지의 구분

구분	세율	과세 대상 토지
분리과세	0.07%	1. 개인(농업법인, 종중) 소유의 실제 경작에 사용하는 도시지역 밖의 농지 2. 기준면적 이내의 도시지역 밖의 목장용지 3. 특정 목적에 따라 법률에 규정된 임야 및 종중 소유 임야
	0.2%	1. 기준면적 이내의 공장용지(산업단지, 공업지역, 군 지역) 2. 공유수면 매립지, 주택건설용 토지
	4%	1. 골프장용 토지 2. 고급오락장용 토지
별도합산과세	0.2~0.4% (초과누진세율)	1. 건축물의 부속토지로서 용도지역별 적용배율을 적용해 산출한 면적 이내의 토지 2. 기준면적 이내의 공장용지(주거·상업·녹지지역) 3. 유통시설용 토지, 운전교습장용 토지
종합합산과세	0.2~0.5% (초과누진세율)	1. 기준면적 초과토지(목장용지, 공장용지, 일반건축물의 부속토지) 2. 법인의 소유농지 3. 도시지역 내의 농지·목장용지·임야 4. 개인·법인 소유의 임야 5. 무허가건축물의 부속토지 6. 가액비율 미달 건축물의 부속토지 7. 나대지, 잡종지

토지의 재산세는 개별공시지가의 70%(공정시장가액비율)를 과세표준으로 하고 여기에 해당 세율을 곱해 세액을 계산한다. 투자 목적으로 공시지가 1억 원의 농지를 구입해 농지를 방치한 경우와 농지은행에 위탁한 경우의 세금을 비교해보자.

공시지가 1억 원에 대한 과세표준은 1억 원의 70%인 7천
만 원이다. 농지를 농지 용도로 활용하지 않는 경우 종합합산
과세되므로 다음 도표에서 7천만 원에 해당하는 종합합산과
세율 0.3%를 적용한다. 연한 색상 부분의 10만 원을 더하고
5천만 원을 초과하는 2천만 원에 대해 0.3%의 세율을 적용하
면 16만 원의 세금이 계산된다. 농지은행에 위탁한 경우에는

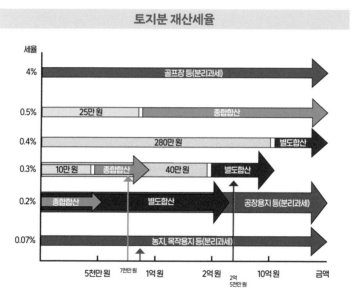

* 표에서 연한 색상에 해당하는 과세표준액은 연한 색상 안에 기재된 금액을 더하
고 연한 색상을 초과하는 과세표준액(진한 색상)에 해당 세율을 곱해 재산세를 계
산한다. 예를 들어 과세표준액이 2억 5천만 원인 별도합산과세되는 토지의 재산세
는 '40만 원+(2억 5천만 원-2억 원)×0.3%=55만 원'이다.

분리과세되므로, 7천만 원에 해당하는 농지의 세율 0.07%를 적용해 계산하면 세금은 4만 9천 원이 된다. 이는 농지를 방치한 경우와 비교해 세금이 70% 정도나 줄어든 금액이다.

토지에 대한 재산세의 납기일은 매년 9월 16일부터 9월 30일까지며 관할 시·군·구청에서 세액을 계산해 납부고지서를 발송한다. 납부고지서에는 재산세액 외에 지방교육세(재산세의 20%)와 소방분에 대한 지역자원시설세가 함께 병기되어 고지된다.

사업용 토지의 종합부동산세는 얼마나 유리할까?

종합부동산세는 주택이나 토지를 과다하게 보유한 소유자에게 별도의 세금을 부과하는 제도로 2005년부터 부과되는 국세다. 토지에 대한 보유세는 국내에 소재한 토지에 대해 1차적으로 재산세가 부과되고, 2차적으로 과다하게 토지를 보유해 일정기준액을 초과하는 토지에 대해 종합부동산세가 부과된다. 토지분 종합부동산세가 부과되는 과세대상은 지방세법 규정에 의한 종합합산과세 대상과 별도합산과세 대상으로 구분된다. 따라서 농지, 공장용지 등의 분리과세 대상은 종합부동산세 과

종합합산과세와 별도합산과세 대상 토지

종합합산과세 대상 토지   과세표준 = (공시가격 합계액 − 5억 원) × 100%

별도합산과세 대상 토지   과세표준 = (공시가격 합계액 − 80억 원) × 100%

세대상에서 제외된다. 그렇다면 토지가액이 어느 정도가 되어야 종합부동산세가 부과될까?

나대지, 잡종지 등의 종합합산과세 대상 토지는 공시지가 가액의 합계가 5억 원을 초과하면 종합부동산세가 과세되고, 사업용 토지인 별도합산과세대상 토지는 공시가격 합계액이 80억 원을 초과하면 종합부동산세가 과세된다. 과세표준은 공시가격의 합계액에서 종합합산과세 대상 토지는 5억 원, 별도합산과세 대상 토지는 80억 원을 각각 공제한 금액에 공정시장가액비율(2022년 기준 100%)을 곱해 계산한다. 공정시장가액비율은 매년 상향조정되어 2022년에는 100%로 조정되었다.

별도합산과세 대상 토지는 공시가격 합계액이 80억 원을 초과해야 과세대상이 되기 때문에 사실상 사업용 부동산을 소유한 사람이 종합부동산세를 납부하는 경우는 극히 드물다. 따라서 사업용 토지 여부는 세금을 얼마나 줄일 수 있는지의 문

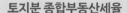

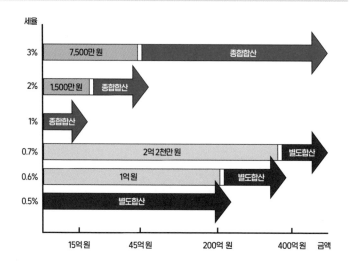

토지분 종합부동산세율

제가 아니라 세금을 내느냐 안 내느냐의 문제다.

과세표준이 구해졌으면 여기에 해당 세율을 곱해 종합부동
산세액을 계산한다. 토지분 종합부동산세율은 위 도표와 같다.

사업용 토지 상태로 양도해야 양도소득세를 줄일 수 있다

토지를 처분하는 단계에서 부과되는 양도소득세에서도 사업용 토지가 비사업용 토지보다 세금 면에서 유리하다. 토지분 양도소득세도 다른 부동산처럼 양도차익을 구한 뒤에 장기보유한 토지에 대해서는 매년 2%씩 최대 30%까지 장기보유특별공제를 적용받는다. 장기보유특별공제는 사업용 토지나 비사업용 토지 모두 동일하게 적용받는다. 마지막으로 연 250만 원의 기본공제를 적용받은 뒤에 과세표준에서 세율을 곱해 계산한다. 비사업용 토지는 세율 적용에 있어 사업용 토지보다 높은 세율이 적용되어 양도소득세 부담이 늘어난다.

참고로 홈택스 홈페이지에서 비사업용 토지에 해당하는지 미리 확인해볼 수 있다. '신고/납부 → 양도소득세 → 양도소득세 종합안내 → 다주택 중과 여부, 감면확인' 코너로 들어가서 확인하면 된다.

사업용 토지의 양도소득세는 어떻게 유리할까?

> 홍길동 씨는 10년 전 경기도 파주에 평당 5만 원에 1천 평을 총 5천만 원에 매입해 나대지 상태로 보유하고 있다. 현재 이 토지는 평당 50만 원(총 5억 원)에 거래된다. 홍길동 씨는 향후 이 토지를 매도할 계획이다. 홍길동 씨가 사업용 토지로 인정받아 매도하는 경우와 비사업용 토지로 매도할 경우 세금의 차이는 얼마나 될까?

양도소득세 계산 시 사업용 토지와 비사업용 토지의 세금 차이는 어디에서 발생할까? 바로 세율 적용에서 큰 차이가 발생한다. 사업용 토지를 2년 이상 보유하다가 처분하는 경우에는 6~45%의 초과누진세율이 적용된다. 반면 비사업용 토지를 2년 이상 보유하다가 처분하는 경우에는 6~45%의 초과누진

사업용 토지와 비사업용 토지의 양도소득세 세율표

과세표준	사업용 토지	비사업용 토지
1,200만 원 이하	6%	16%
4,600만 원 이하	72만 원+1,200만 원 초과액의 15%	192만 원+1,200만 원 초과액의 25%
8,800만 원 이하	582만 원+4,600만 원 초과액의 24%	1,042만 원+4,600만 원 초과액의 34%
1억 5천만 원 이하	1,590만 원+8,800만 원 초과액의 35%	2,470만 원+8,800만 원 초과액의 45%
3억 원 이하	3,760만 원+1억 5천만 원 초과액의 38%	5,260만 원+1억 5천만 원 초과액의 48%
5억 원 이하	9,460만 원+3억 원 초과액의 40%	1억 2,460만 원+3억 원 초과액의 50%
5억 원 초과 ~10억 원 이하	1억 7,460만 원+5억 원 초과액의 42%	2억 2,460만 원+5억 원 초과액의 52%
10억 원 초과	3억 8,460만 원+10억 원 초과액의 45%	4억 8,460만 원+10억 원 초과액의 55%
보유기간 1년 미만	50%	60%
보유기간 1년 이상~2년 미만	40%	50%

* 2009년 3월 16일~2012년 12월 31일에 구입한 비사업용 토지는 10% 중과세율을 적용하지 않는다.

세율에 10%의 세율이 가산되어 양도소득세 부담이 더 늘어나게 된다. 만일 지정지역(투기지역)에 있는 토지라면 20%의 세율이 가산된다.

토지는 단기 투자보다는 장기적으로 미래를 보고 투자하는

비사업용 토지 해당 여부 판정 기준

구분	비사업용 토지	비사업용 토지의 예외
농지 (전·답·과수원)	1. 농지소재지에 거주하지 않거나 자기가 경작하지 않는 농지 2. 농지 소유 상한기준 면적을 초과하는 농지	「농지법」 등 그 밖의 법률규정에 의해 소유할 수 있는 농지 1. 「농지법」 규정에 의한 농지(주말·체험농장으로서 세대당 1천m² 이내, 공유수면매립농지 등) 2. 「농지법」 규정에 따른 상속받은 농지(3년 이내) 3. 8년 이상 재촌·자경한 농지를 직계존속 또는 배우자로부터 상속·증여받은 경우 (기간제한 없음) 4. 「농지법」 규정에 따른 이농농지(3년 이내) 5. 종중소유농지(2005년 12월 31일 이전 소유) 6. 비영리사업용 농지 7. 법정요건을 갖춘 임대농지 등
	3. 특별시, 광역시, 시 지역 중 도시지역 안의 농지	1. 광역시의 군 지역 농지 2. 시의 읍·면 지역의 농지 3. 편입된 지 2년 이내의 농지 4. 녹지지역 및 개발제한지역 안의 농지
임야	1. 임야소재지에 거주하지 않는 자가 소유한 임야 2. 토지 소유자의 소재지, 이용상황, 보유기간 및 면적 등을 감안해 거주 또는 사업과 직접 관련이 없다고 인정되는 임야 3. 도시지역 안의 임야	1. 도시지역 안의 임야 중 보전녹지지역 안의 임야 2. 생산활동에 사용되는 임야 3. 휴양림 등의 사업에 사용되는 임야 4. 비영리사업용 임야 5. 상속받은 임야(5년 이내) 6. 8년 이상 재촌·자경한 임야를 직계존속 또는 배우자로부터 상속·증여받은 경우 (기간제한 없음) 7. 종중 소유임야(2005년 12월 31일 이전 소유) 8. 공법상 각종 법률규정에 의한 사용·수익의 제한 또는 관리보존 대상 임야 등

구분	비사업용 토지	비사업용 토지의 예외
목장 용지	1. 축산업을 영위하는 자가 소유하는 목장용지로서 기준면적을 초과하는 토지 2. 도시지역 안의 목장용지 3. 축산업을 영위하지 않는 자가 소유한 목장용지	1. 도시지역 안의 목장용지로서 녹지지역 및 개발제한구역 안의 목장용지 2. 도시지역 안의 목장용지로서 편입된 날부터 2년이 경과하지 않은 토지 3. 상속받은 목장용지(5년 이내) 4. 8년 이상 재촌·자경한 목장용지를 직계존속 또는 배우자로부터 상속·증여받은 경우(기간제한 없음) 5. 종중소유 목장용지(2005년 12월 31일 이전 소유) 6. 비영리사업용 목장용지 7. 사업과 직접 관련이 있는 목장용지 등
기타 토지	1. 주택부속토지 중 일정면적(5배, 10배)을 초과하는 토지 2. 별장과 부속토지(경계 불명 시는 10배 이내) 3. 그 밖에 거주자의 거주 또는 사업과 관련이 없다고 인정되는 토지 4. 사업 관련 토지로서 법정기준면적을 초과하는 토지	1.「지방세법」상 재산세가 비과세 또는 면제되는 토지 2.「지방세법」상 재산세가 분리과세·별도합산되는 토지 3. 기타 사업과 직접 관련이 있는 토지 　① 운동장,경기장 등 체육시설용 토지 　② 업무용 자동차의 주차장용 토지 및 주차장운영업용 토지 　③ 사회기반시설용 토지 중 민간투자사업시행자가 조성한 토지 　④ 청소년수련실용 토지로서 기준면적 이내 　⑤ 종업원 등의 예비군훈련용 토지로서 기준면적 이내 　⑥ 전문휴양업·종합휴양업용 토지로서 기준면적 이내 　⑦ 하치장·골재채취장용 토지 　⑧ 폐기물처리업용 토지 　⑨ 양어장·지소·호소 　⑩ 블록·석물·토관제조업용 토지 및 화훼판매시설용 토지 　⑪ 무주택자가 소유한 주택신축이 가능한 나대지(660m² 이내) 등

경우가 많다. 그래서 토지 투자로 수십 배 이익을 얻었다는 이야기가 전혀 낯설지 않다. 토지 투자로 얻는 이익이 많아진다면 10% 세율의 차이는 엄청 크게 다가온다. 이 사례에서 홍길동 씨는 10년간 토지를 보유하면서 4억 5천만 원 정도의 수익을 얻었다. 4억 5천만 원에서 10년간 보유한 기간에 대한 장기보유특별공제 20%를 차감하면 양도소득금액은 3억 6천만 원이 된다. 비사업용 토지일 경우 사업용보다 10%의 세율이 가산되므로 약 3,600만 원(편의상 기본공제 250만 원은 생략함)을 더 납부하게 되는 것이다.

그럼 이번에는 사례를 통해 양도소득세가 과세되는 비사업용 토지에 해당되는지 판정해보자(217쪽 사업용 토지로 인정받기 위한 조건 참조).

• 2014.1.1	토지 취득
• 2015.1.1~2016. 6.30	사업에 직접 사용(1년 6개월)
• 2016.7.1~2020.12.31	사업에 사용하지 않음(나대지)
• 2021.1.1~2021.12.31	사업에 직접 사용(1년)
• 2022.1.1	토지 양도

토지의 비사업용 토지 해당 여부를 요건별로 검토해보면
1. 양도일 직전 3년 중 1년만 사업에 사용했으므로 양도일 직

전 3년 중 2년 이상을 사업에 사용하지 않았다. 2. 양도일 직전 5년 중 1년 6개월만 사업에 사용했으므로 양도일 직전 5년 중 3년 이상을 사업에 사용하지 않았다. 3. 토지의 보유기간 6년 중 2년 6개월(보유기간의 60% 미만)만 사업에 사용했으므로 토지의 보유기간 중 60% 이상을 사업에 사용하지 않았다. 따라서 이 토지는 비사업용 토지에서 제외되는 요건을 하나도 충족하지 않으므로 비사업용 토지에 해당한다.

더 알아보기

비사업용 토지 구분 서류

1. 공동으로 필요한 서류

종 류	대 상	용 도
토지대장	모든 토지	지목 및 토지 면적 확인
건축물관리대장	그 밖의 토지	신축연도, 용도 및 건축물 면적 확인
주민등록초본	농지·임야	거주기간 확인
등기사항전부증명서	모든 토지	취득원인 및 소유기간 확인
토지이용계획확인서	모든 토지	용도지역(주거·상업·공업) 및 용도구역 확인

2. 개별적으로 필요한 서류

- 자경농지: 자경증명발급신청서
- 주말·체험영농 농지: 농지취득인정서
- 농지전용: 농지전용허가증
- 경영계획인가로 시업 중인 임야: 경영계획인가서
- 부설주차장: 부설주차장 설치계획서

• 5장의 핵심내용 •

토지이용계획확인원

토지이용계획확인원은 토지이음 홈페이지에서 조회할 수 있다. 지목, 면적, 공시지가, 지적도, 용도지역, 용도지구 등에 대한 내용이 확인 가능하다.

사업용 토지의 요건

해당 지역이나 해당 지역에서 직선으로 30km 이내 거리에 가족 모두가 거주해야 하는 요건, 해당 토지를 일정 기간 동안 직접 용도에 맞게 사용해야 하는 요건을 만족해야 사업용 토지로 인정된다. 또 1천 m² 이내의 농지를 주말농장으로 사용할 경우, 농사를 짓지 않아도 농지은행에 위탁해 8년간 임대할 경우 사업용으로 인정받을 수 있다.

나대지를 사업용으로 인정받는 방법

1. 무주택자가 나대지를 660m²(약 200평) 이하로 취득한다.
2. 나대지에 건물이나 주택을 지으면 사업용 토지로 인정받을 수 있다.
3. 나대지를 구입한 지 2년이 지난 후 매도 전에 착공한다.
4. 폐가가 있는 토지를 구입했다면 구입 후 1년 내에 폐가를 철거한다.

5. 캠핑장이나 드론시험장으로 개발하거나 주차장으로 활용한다.

토지의 보유세

- **재산세:** 개별공시지가의 70%를 과세표준으로 하고 여기에 해당 세율을 곱한다.
- **종합부동산세:** 사업용 토지로 인정되면 종합부동산세를 내는 경우는 드물다. 과세표준에 해당 세율을 곱해 계산한다.

사업용 토지의 양도소득세

사업용 토지를 2년 이상 보유하다가 처분하는 경우에는 6~45%의 초과누진세율이 적용되어 할증세율이 적용되는 비사업용에 비해 훨씬 유리하다.

6장

상속세와 증여세
절세 디테일

상속과 증여,
무엇이 유리할까?

필자가 상속세와 증여세 강의 중에 가장 많이 받는 질문 중 하나는 재산을 상속받는 것이 유리한지, 증여받는 것이 유리한지에 대한 것이다. 두 가지 방법 모두 각각 장단점이 있지만 최근에는 상속보다 증여의 방법을 많이 사용하고 있다. 그 이유는 크게 두 가지가 있다.

첫째로 사전에 증여하는 것이 상속보다 재산분쟁을 줄일 수 있기 때문이다. 아마 상속을 받는 과정에서 상속인들 간에 재산분쟁이 일어난다는 뉴스를 심심치 않게 보았을 것이다. 반면에 증여는 증여자인 부모님이 수증자인 자식들과 사전에 의견을 조율해 진행하므로 부모님이 돌아가신 뒤에 분쟁이 다소 줄어들 수 있다. 따라서 최근에는 일부증여를 통해 미리 재산을 분배해주고 남은 재산을 상속하는 경우가 많다.

두 번째 이유는 증여를 해줌으로써 상속재산의 크기가 줄어들어 절세 효과를 볼 수 있기 때문이다. 사전에 공제받을 수 있는 범위 내에서 증여를 해준다면 증여세를 줄일 수 있을 뿐만 아니라 상속세 부담도 줄일 수 있다. 다만 사전증여 후 증여자가 10년 이내에 사망하면 증여재산이 상속재산에 합산되어 상속세가 계산되므로 주의해야 한다.

상속세와 증여세의 차이점은 무엇일까?

상속세와 증여세는 유사한 부분도 있지만 다른 점도 있다. 상속과 증여의 개념을 먼저 살펴보면, 둘 다 재산을 무상으로 받는다는 점에서는 같다. 하지만 상속은 피상속인(상속해주는 사람)의 사망으로 인해 상속인(상속받는 사람)에게 재산이 이전되는 것이며, 증여는 증여자(재산을 주는 사람) 생전에 수증자(재산을 받는 사람)에게 재산이 이전되는 것을 말한다.

그렇다면 세금에서는 어떤 차이가 있을까? 우선 상속세와 증여세는 계산방식이 다르다. 상속세는 피상속인의 유산 전체를 기준으로 해서 재산배분을 하게 된다. 즉 유산 전체가액을 기준으로 해서 그 가액에 초과누진세율(10~50%)을 적용한 다음, 상속비율에 따라 상속세를 안분해 상속인에게 부과한다. 이를 유산세 방식이라고 한다.

유산세(遺産稅)는 유산 전체에 세금을 부과한다는 의미이며 증여세에서는 유산세 방식이 아닌 유산취득세(遺産取得稅) 방식으로 세금을 계산한다. 유산취득세 방식은 증여재산을 수증자별로 각각 안분한 다음, 안분한 재산가액을 기준으로 초과누진세율을 적용하는 방법이다. 상속세 및 증여세 세율은 재산의 크기에 따라 달라지는 초과누진세율로, 금액이 커질수록 세율이 높아지는 구조다. 따라서 재산을 안분한 뒤 세율을 적용하게 되면 재산 전체에 대해 세율을 적용하는 것보다 낮은 세율을 적용할 수 있다.

상속세와 증여세의 또 다른 차이점은 신고 및 납부 장소다. 상속세의 경우 피상속인의 주소지를 납세지로 정하고 있기 때문에 피상속인의 주소지에 있는 세무서에 가서 신고 및 납부를 해야 한다. 반면 증여세는 수증자 중심으로 계산을 하기 때문에 수증자의 주소지에 있는 세무서에 가서 신고 및 납부를 해

상속세와 증여세 비교

구분	상속세	증여세
개념	피상속인의 사망으로 인해 상속인에게 재산이 이전될 때 발생하는 세금	증여자 생전에 수증자에게 재산이 이전될 때 발생하는 세금
계산방식	유산세 방식(유산 전체가액을 기준으로 초과누진세율을 적용한 후 상속 비율에 따라 상속세를 안분해 부과)	유산취득세 방식(증여재산을 수증자별로 각각 안분한 후 안분한 재산 가액을 기준으로 초과누진세율 적용)
세율	10~50%	10~50%
납세의무자	상속인	수증자
신고·납부 기한	상속개시일이 속하는 달의 말일부터 6개월 이내	증여받은 날이 속하는 달의 말일부터 3개월 이내
관할세무서	피상속인의 주소지	수증자의 주소지

야 한다.

마지막으로 신고 및 납부기한도 다르다. 상속세의 경우에는 상속개시일이 속하는 달의 말일부터 6개월 이내(외국인은 9개월 이내)에 신고 및 납부를 해야 한다. 하지만 증여세는 증여받은 날이 속하는 달의 말일부터 3개월 이내에 신고 및 납부를 해야 한다.

구체적인 사례를 들어
세금 차이를 확인해보자

홍길동 씨의 재산은 현재 시가로 14억 원에 달한다. 홍길동 씨는 세금을 줄이기 위해 증여를 해야 할지 나중에 상속을 해야 할지 고민이다. 홍길동 씨가 배우자와 성년 자녀 2명에게 증여를 하는 경우와 나중에 상속을 하는 경우 중 절세를 위해서는 어떤 방법을 선택하는 게 유리할까? (배우자에게 6억 원, 자녀들에게는 각각 4억 원을 증여한다고 가정한다.)

이 사례에서 홍길동 씨가 증여를 하는 경우와 상속을 하는 경우 세금의 차이는 어느 정도가 되는지 알아보겠다. 우선 증여를 한 경우를 살펴보자. 배우자에게 6억 원을 증여할 경우 배우자는 증여재산공제로 6억 원이 공제되므로 증여세가 발생하지 않는다. 두 자녀에게 4억 원씩 증여할 경우 자녀는 증여재산공제로 5천만 원(251쪽 증여세의 계산구조 참조)씩 공제되어 과세표준은 각각 3억 5천만 원이고 20%(251쪽 상속·증여세율표 참조)의 세율을 적용해 계산한다. 그러면 증여세는 자녀 2명에게 각각 6천만 원이 발생해 총 1억 2천만 원이 된다.

한편 상속의 경우 먼저 상속받은 재산가액 14억 원에 대한 세금을 계산한다. 배우자공제와 일괄공제를 합해서 10억 원(261쪽 참조)을 공제하면 상속세 과세표준은 4억 원이고 20%(251쪽 상속·증여세율표 참조)의 세율을 적용해 계산하면 상속세는 7천만 원이 된다. 상속세 7천만 원은 배우자와 자녀 2명이 상속지분비율로 안분해 부담한다.

홍길동 씨의 경우에는 상속을 하는 것이 증여를 하는 것보다 5천만 원의 세금을 절약할 수 있는 방법이다. 그러나 증여재산공제는 10년 단위로 계속해서 공제받을 수 있으므로, 홍길동 씨가 10년 단위로 여러 번 나누어 증여하는 방법과 상속하는 방법을 함께 적용하면 세금이 전혀 발생하지 않을 수도 있다. 결국 상속과 증여 두 가지 방법을 같이 사용하는 것이 절세에 가장 유리하다.

증여세는 어떻게
계산해야 할까?

이번에는 증여세를 어떻게 계산하는지, 어떻게 증여하는 게 유리한지 구체적으로 알아보겠다.

증여세는 증여세 과세가액에서 증여재산공제를 차감해 증여세 과세표준을 계산한다. 증여재산공제는 배우자는 6억 원, 직계존비속은 5천만 원(미성년자는 2천만 원), 기타 친족은 1천만 원을 공제하는 제도다. 증여재산공제의 특징은 10년 단위로 계속해서 공제가 가능하다는 것이다.

만일 미성년자인 자녀가 아버지에게 2010년에 5천만 원을 증여받고 2019년에 7천만 원을 증여받았다면 두 건을 증여받은 시점이 10년 이내에 해당하므로 증여재산공제액은 2천만 원이 된다. 그러나 2010년에 5천만 원, 2021년에 7천만 원을 증여받게 되면 처음 증여받은 시점으로부터 10년의 기간을 초과해 증여했으므로 2010년 2천만 원, 2021년 2천만 원씩을 각각 공제받을 수 있다. 즉 증여재산공제액은 4천만 원이 된다. 따라서 10년 단위의 증여 시점이 중요하다.

증여재산공제액은 수증자를 기준으로 판단한다. 미성년자인 자녀가 10년 이내에 아버지로부터 5천만 원, 어머니로부터 5천만 원을 증여받은 경우 각각 2천만 원씩 공제되는 것이 아니라 2천만 원을 한 번만 공제받는 것이다.

증여세는
어떻게 계산하는가?

30세인 이똘똘 씨는 2013년 아버지로부터 5천만 원을 증여받고, 2022년에는 어머니로부터 4천만 원을 증여받았다. 이똘똘 씨는 자녀공제로 각각 5천만 원씩 공제되어 납부할 세액이 없을 것으로 예상했다. 그런데 나중에 주택을 구입할 경우 주택구입자금 등 자금출처 소명에 대비하기 위해 증여세 신고를 하자, 수개월 후 증여세 외에 가산세까지 추징당했다. 도대체 왜 그런 것일까?

증여세의 계산구조

	증여세 과세가액	
(-)	증여재산가액 증여재산공제	배우자: 6억 원 직계존비속: 5천만 원(미성년자는 2천만 원) 기타 친족: 1천만 원
	증여세 과세표준	과세표준이 50만 원 미만일 때는 부과하지 않는다.
(×)	세율	10~50%

상속세와 증여세의 세율

과세표준	세율	누진공제액
1억 원 이하	10%	-
1억 원 초과~5억 원 이하	20%	1천만 원
5억 원 초과~10억 원 이하	30%	6천만 원
10억 원 초과~30억 원 이하	40%	1억 6천만 원
30억 원 초과	50%	4억 6천만 원

	1억 원	5억 원	10억 원	30억 원
10%	20% -1천만 원	30% -6천만 원	40% -1억 6천만 원	50% -4억 6천만 원

이 사례에서 이똘똘 씨는 아버지와 어머니로부터 각각 증여받았으나 증여재산 공제액은 이똘똘 씨를 기준으로 판단한다. 그래서 아버지와 어머니에게 10년 이내에 증여받았기 때문에 증

여액 총 9천만 원에서 5천만 원의 증여재산공제만 받을 수 있다. 결국 증여액 4천만 원에 대해서는 증여세를 납부해야 하며, 이때 이똘똘 씨가 납부해야 할 증여세는 400만 원(4천만 원× 10%)이 된다.

이똘똘 씨가 부모님으로부터 부동산이 아닌 현금으로 증여를 받았을 경우 과세당국에서 증여 당시에는 증여세 신고 누락을 포착하지 못할 수도 있다. 또한 납부할 증여세가 없다면 증여세 신고를 하지 않아도 된다. 그러나 나중에 이똘똘 씨가 주택 구입 등의 이유로 자금출처를 소명해야 할 일이 발생할 때를 대비해 증여세 신고를 해두면 자금출처를 소명하는 데 도움이 된다. 만약 자금출처를 소명하지 못하고 증여세 신고 누락이 밝혀진다면 증여세 외에 무신고 가산세(납부세액의 20%)와 납부지연 가산세(하루당 0.025%)가 합쳐져 세금 부담은 더욱 커지게 된다.

증여세의 계산구조는 앞쪽(253쪽)에 정리된 표를 잘 확인하길 바란다. 증여세 과세표준을 구한 뒤에는 과세표준에 해당되는 다른 세율을 적용하는데, 상속세에도 동일한 세율규정이 적용된다.

증여를 하려거든
10년 단위로 하자

홍길동 씨는 2011년에 배우자에게 5억 원의 부동산을 증여하고, 다시 2022년에 소유하고 있는 아파트를 공동명의로 바꾸면서 배우자에게 증여하려고 한다. 해당 아파트의 시세는 10억 원이다. 이렇게 할 경우 홍길동 씨의 배우자가 납부해야 할 증여세는 얼마인가?

앞에서 살펴본 것처럼 여러 번에 걸쳐 증여를 할 경우 과세표준을 분산시켜 세율을 낮추는 효과가 있다. 그래서 한 번에 재산을 증여하거나 상속하는 것보다 여러 번에 걸쳐 증여하는 것이 세금 측면에서 유리하다.

그렇다면 증여는 언제 하는 게 좋을까? 증여세는 10년의 기간 동안 증여된 가액을 합산해 과세한다. 또한 증여재산공제액도 10년 단위로 반복해 공제받을 수 있다. 그러므로 증여는 10년 단위로 하는 게 유리하다. 자녀가 어릴 때부터 증여를 10년 단위로 해두면 나중에 상속재산가액에 합산되지 않아 상속세 절감 혜택도 얻을 수 있다.

이 사례에서 홍길동 씨의 배우자는 2011년과 2022년에 10년 단위로 각각 5억 원씩을 홍길동 씨에게 증여받았다. 증여

10년 단위로 증여할 경우의 증여세 비교

배우자에게 일시에 10억 원을 증여 ──────▶ 증여세 7천만 원

배우자에게 1차로(2011년) 5억 원 증여
배우자에게 2차로(2022년) 5억 원 증여 ──────▶ 증여세 X

받은 재산가액은 총 10억 원이지만 10년 단위로 증여받았기 때문에, 배우자공제로 각각 6억 원이 공제되어 납부할 증여세는 발생하지 않는다.

그러나 홍길동 씨가 만약 증여기간을 고려하지 않고 배우자에게 10년 이내의 기간 동안 2건의 증여를 했다고 가정해 보자. 10년 이내에 5억 원씩 두 번, 총 10억 원을 증여받았다면 배우자공제로 6억 원을 공제한 4억 원에 대해 증여세를 부담해야 하는데, 이때 부담해야 할 증여세는 7천만 원(4억 원×20%-1천만 원)이나 된다. 10년의 기간을 지켰다면 한 푼도 내지 않았을 텐데 그 기간을 지키지 않으면 7천만 원이나 되는 세금 폭탄을 맞게 되는 것이다. 그러니 증여를 할 때는 되도록 증여재산공제액 범위 내로 분할하고 10년의 기간을 준수해야 한다는 것을 꼭 기억해두자.

부담부증여를
고려해보자

> 홍길동 씨는 2020년에 취득한 4억 원짜리 아파트(조정대상지역 아님)를 2022년에 30세 아들에게 증여하려고 한다. 현재 이 아파트는 전세 3억 원이 계약되어 있으며 시가는 6억 원이다. 이 아파트를 부담부증여할 경우와 일반증여할 경우 중 어느 쪽이 절세에 유리할까?

부담부(負擔附)증여란 증여재산에 속해 있는 채무를 수증자가 부담하는 조건의 증여다. 증여자의 채무를 수증자가 인수하게 되면 채무가 이전되는 부분은 양도로 보아 증여자에게 양도소득세가 부과되고, 나머지 순수한 재산의 증여부분만 증여로 보아 수증자에게 증여세가 과세된다. 따라서 수증자의 증여세 부담을 줄이는 효과가 있다.

다만 배우자나 직계존비속 간의 부담부증여 행위는 수증자가 증여자의 채무를 인수한 경우에도 당해 채무액은 수증자에게 채무가 인수되지 않은 것으로 추정하고 있다. '추정'이란 사전적 의미로 '미루어 짐작'한다는 뜻이다. 결국 배우자나 직계존비속 간의 부담부증여 시 채무를 부담하는 사실이 객관적으로 인정되는 경우에 부담부증여가 인정되는 것으로 이해하면 된다.

증여자가 대출이 있는 부동산을 증여하고자 할 경우의 절세 포인트는 부담부증여(양도소득세+증여세)와 순수증여(증여세) 시 부담할 세액을 각각 계산해보고, 부담할 세액이 적은 방법으로 처리하는 것이다. 그렇지만 부담부증여를 하고자 할 때는 수증자가 채무를 부담할 수 있는 경제적 능력이 있는지를 고려해야 한다. 국세청에서는 부담부증여의 경우 채무 부분을 전산에 입력해 수증자가 실제로 채무를 인수했는지, 상환자금의 출처는 무엇인지를 확인하기 위해 매년 1회 이상 금융거래 내역 등을 통해 검증하고 있다. 만일 증여자가 이자를 대신 납입하거나 채무를 상환할 경우 부담부증여가 인정되지 않으므로 주의해야 한다.

이 사례에서 홍길동 씨의 경우 부담부증여와 일반증여 시 세금을 비교해보자. 일반증여와 부담부증여의 계산 내용을 정리해보면 다음과 같다.

일반증여

증여재산	6억 원
증여재산공제	5천만 원
과세표준	5억 5천만 원
세율	30%

누진공제	6천만 원
증여세	1억 500만 원

부담부증여의 증여세

증여재산	3억 원
증여재산공제	5천만 원
과세표준	2억 5천만 원
세율	20%
누진공제	1천만 원
증여세	4천만 원

부담부증여의 양도소득세

매도가액	3억 원
취득가액	2억 원(4억 원×3억 원/6억 원)
양도소득금액	1억 원
양도소득기본공제	250만 원
과세표준	9,750만 원
세율	35%
누진공제	1,490만 원
양도소득세	1,922만 5천 원

홍길동 씨가 일반증여를 한다면 증여세는 1억 500만 원이지만, 부담부증여를 한다면 증여세와 양도소득세를 합해 5,922만 5천 원으로 일반증여 시보다 세금이 약 4,500만 원 정도 절감된다. 만일 홍길동 씨가 1세대 1주택자라면 양도소득세가 비과세되어 세금 절감 효과는 더 커질 것이다. 이처럼 상황에 따라 부담부증여를 고려해보면 절세의 길이 보인다.

상속세는 어떻게
계산해야 할까?

이번에는 상속세 계산방법을 알아보자. 상속세는 상속재산에서 공과금, 장례비용, 채무와 상속공제를 차감한 과세표준에 세율을 곱해 계산한다. 세율은 증여세 기준과 같다(251쪽 참조). 여기서 상속공제는 기초공제 2억 원에 인적공제를 합한 금액과 일괄공제 5억 원 중 선택해 공제할 수 있다. 인적공제는 자녀 1인당 5천만 원(미성년 자녀는 19세에 달할 때까지의 연수×1천만 원), 65세 이상 동거가족은 5천만 원, 장애인은 '기대여명연수에 달할 때까지의 연수×1천만 원'을 공제한다.

배우자공제는 법정상속분 범위 내에서 실제로 상속받은 금액을 공제하며 최소 5억 원에서 30억 원을 한도로 공제한다. 즉 배우자는 실제로 상속받은 금액이 없거나 5억 원보다 적을 때도 5억 원을 공제한다. 또한 배우자공제는 다른 인적공제와 달리 일괄공제를 선택한 경우에도 공제받을 수 있다. 따라서 배우자공제 5억 원과 일괄공제 5억 원을 합하면 최소 10억 원을 공제받게 되므로 상속재산이 10억 원을 초과하지 않는다면 상속세가 나오지 않게 된다.

다만 배우자 단독 상속 시에는 일괄공제를 선택할 수 없고 기초공제(2억 원)와 인적공제만을 적용한다. 또한 배우자가 없다면 배우자공제를 받지 못하게 되므로 일괄공제를 선택했을 때 5억 원이 초과되면 상속세가 부과된다.

- 배우자와 다른 상속인이 있는 경우: 10억 원(배우자공제+일괄공제)
- 배우자만 있는 경우: 7억 원(기초공제+배우자공제)
- 배우자가 없고 다른 상속인만 있는 경우: 5억 원(일괄공제만 적용)

요즘은 부양가족이 많지 않다 보니 대개 일괄공제 5억 원을 공제받는 것이 기초공제(2억 원)와 부양가족공제를 합한 금액을 공제받는 것보다 유리하다.

상속세는 어떻게 계산하는가?

상속세의 계산방법을 한눈에 정리하면 다음과 같다. 상속공제의 기준은 각각 다르다.

상속재산

- 공과금, 장례비용, 대출금

- **상속공제*** ⟶

> ① 2억 원+인적공제+배우자공제
> ② 5억 원+배우자공제(배우자 단독일 경우에는 불가)
> → ①과 ② 중에서 선택

상속세 과세표준

× 세율

납부세액

* 상속공제

- 기초공제: 2억 원

- 배우자공제: ①과 ② 중 큰 금액

① 5억 원(실제 상속분이 없거나 상속가액이 5억 원보다 적은 경우)

② 실제 상속가액(법정상속분 이내, 30억 원 한도)

• 인적공제

- 자녀공제, 연로자공제(65세 이상): 1인당 5천만 원

- 미성년자공제: 1천만 원×19세에 달할 때까지의 연수

- 장애인공제: 1천만 원×기대여명연수에 달할 때까지의 연수

  (통계청장이 고시)

- 중복 적용: 자녀공제에 해당하는 사람이 미성년자공제에도 해당하는 경우, 장애인공제에 해당하는 사람이 배우자상속공제 또는 그 밖의 인적공제에 해당하는 경우에는 중복 적용 가능

사전증여를 통해
상속세 부담을 줄이자

홍길동 씨는 현재 재산이 20억 원이며 배우자와 대학생 자녀 1명(21세)을 두고 있다. 홍길동 씨는 나중에 상속세가 많이 나올 것이 걱정되어 미리 증여를 할지 고민하고 있다. 홍길동 씨가 증여를 할 경우 절감되는 세금은 얼마나 될까?

사전증여(死前贈與)란 피상속인이 재산을 생전에 상속인에게 증여하는 것을 말한다. 앞에서 설명한 바와 같이 상속·증여세율은 초과누진세율 제도로 재산 규모가 커질수록 세율도 높아지는 구조다. 만일 상속개시 전에 미리 증여해 재산을 분할한다면 상속재산이 줄어들어 상속세를 절감하는 효과가 생긴다. 20억 원의 재산을 한 번에 상속하면 40%의 세율이 적용되지만 사전에 10억 원을 증여한다면 증여와 상속으로 인한 세율은 각각 30%를 적용한다. 더구나 상속인에게 배우자와 자녀가 있다면 배우자공제(5억 원)와 일괄공제(5억 원)의 합이 10억 원이 되어 상속인이 부담할 상속세는 '0원'이 된다.

증여 시에도 배우자공제(6억 원)와 자녀공제(5천만 원, 미성년자는 2천만 원) 등의 증여재산공제를 받을 수 있으므로 세액 절감 효과는 단순세율의 차이 이상으로 높다. 이러한 절세 효과로 인해 상속세 회피 수단으로 증여가 무분별하게 이루어질 수 있어 법에서는 이를 막기 위해 피상속인의 사망일로부터 10년 이내에 이루어진 증여는 상속재산에 포함되도록 규정하고 있다. 따라서 사전증여를 할 경우에는 상속인이 어렸을 때부터 10년 단위로 미리 계획을 세워두는 것이 좋다.

이 사례에서 홍길동 씨가 20억 원의 재산을 전부 상속했을 때와 사전증여 10억 원, 상속 10억 원으로 재산을 분할했을 때 세금이 얼마나 절감되는지 계산해보자.

상속

상속재산	20억 원
배우자공제	5억 원
일괄공제	5억 원
과세표준	10억 원
세율	30%(누진공제 6천만 원)
상속세	2억 4천만 원

증여(10억 원)

증여재산	10억 원
배우자공제	6억 원
자녀공제	5천만 원
과세표준	3억 5천만 원
세율	20%(누진공제 1천만 원)
증여세	6천만 원

상속(10억 원)

상속재산	10억 원

배우자공제   5억 원

일괄공제   5억 원
_____

상속세   0

계산식에서 보듯이 10억 원 증여 후 10억 원을 상속할 경우 배우자공제와 일괄공제로 상속세는 나오지 않고 증여세만 부과된다. 사전에 재산 일부를 증여함으로써 재산을 전부 상속 했을 때보다 세금을 1억 8천만 원이나 절감할 수 있다. 따라서 일부를 미리 증여하는 것이 절세에 효과적임을 알 수 있다.

▼ 사전증여 시에는 미래가치가 큰 수익형 부동산이 좋다

피상속인의 사망일로부터 10년 이내에 이루어진 증여는 상속 재산에 포함되어 상속세 납세의무가 발생한다. 그러나 사망개시일 10년 이내 하는 증여라고 해서 무조건 절세에 도움이 안 되는 건 아니다. 예를 들어 강남에 아파트를 소유한 있는 피상속인이 이 부동산을 자녀에게 사전증여했다고 가정해보자. 이 아파트는 앞으로도 꾸준히 높은 가격 상승이 예상된다. 사전증여일은 2018년 7월이고 상속개시일은 2022년 2월이다.

상속개시일 10년 이전에 증여되었으므로 이 아파트는 증여 당시 증여세 신고를 했을지라도 상속재산에 포함해 상속세 과세대상 재산이 된다. 그런데 이 부동산의 상속가액은 상속 시점의 가액이 아닌 증여 당시의 가액으로 평가된다. 2017년부터 2021년까지 서울 아파트는 급등세를 연출하며 2배 이상으로 가격이 오르기도 했다. 만일 증여 당시 이 아파트의 가액이 10억 원이고 상속개시일의 가액이 20억 원이라고 한다면 사전증여를 함으로써 상속재산가액을 10억 원이나 줄일 수 있다.

더 알아보기

상속세 합산대상 사전증여재산 확인하기

피상속인이 생전에 증여한 재산 중 상속세 합산대상 재산이 있음에도 이를 미처 인식하지 못하거나 확인하기가 어려워 상속세 신고에서 누락되는 경우가 발생하곤 한다. 신고가 누락될 경우 나중에 가산세까지 부과되어 상속세 부담이 늘어나게 된다. 이를 예방하기 위해 국세청에서는 상속세 신고 시 합산해야 하는 사전증여재산을 신고 전에 확인할 수 있는 서비스를 제공하고 있다. 상속인은 신고기한 만료 14일 전까지 주소지 관할세무서 또는 홈택스를 통해 상속세 합산대상 사전증여재산 정보 제공을 신청할 수 있다.

상속세와 증여세,
그 밖의 절세 노하우

상속·증여 시 재산은
언제 처분하면 좋은가?

홍길동 씨는 아버지로부터 금융재산 5억 원과 8년 이상 자경한 농지 5억
원(공시지가)을 상속받았다. 홍길동 씨는 현재 도시에서 생활하고 있으며
농사를 지을 계획이 없어 농지를 처분하려고 한다. 농지의 예상 매매가는
7억 원이다. 상속개시일 후 6개월 이내에 양도할 경우와 6개월 이후에 양
도할 경우 어느 쪽이 더 세금을 절약하는 데 유리할까? (어머니는 아직 생존
해 계신다.)

부동산을 상속·증여할 경우 부동산의 가액은 어떻게 평가될까? 상속·증여재산의 가액은 원칙적으로 시가로 평가한다. 그러나 상속·증여재산은 매매로 이루어지는 게 아니어서 토지나 단독주택처럼 거래가 자주 발생하지 않는 부동산은 시가를 확인하기가 어렵다. 이처럼 시가가 불분명할 경우 유사자산의 매매사례가액이나 감정가액으로 평가한다.

유사자산의 매매사례가액이란, 상속세는 평가기준일 전후 6개월, 증여세는 증여일 전 6개월, 증여일 후 3개월 이내에 해당 부동산과 면적·위치·용도 및 기준시가가 동일하거나 유사한 부동산의 매매가격을 말한다. 그런데 유사자산의 매매사례가액이나 감정가액도 분명하지 않은 경우에는 기준시가로 평가한다.

기준시가는 시가보다 낮으므로 상속세를 절감하는 데 유리하다. 그러나 상속개시일 전후 6개월, 증여일 전 6개월, 증여일 후 3개월 이내에 재산을 처분하게 되면 상속·증여재산의 가액을 상속인이 매매한 시가로 평가한다. 그래서 사망일 전후 6개월(증여일 전 6개월, 증여일 후 3개월) 이내에 재산을 처분하면 기준시가보다 높은 실제 매도가액이 재산평가액이 되므로, 기준시가로 평가했을 때보다 상속세가 증가할 수 있다. 그러나 기준시가로 상속이나 증여자산을 평가하는 경우에는 부동산의 취득가액이 낮아져 나중에 이 재산을 매도할 때는 반대로 양도소득세가 증가할 수도 있다.

보통의 경우 양도소득세율이 상속세율보다 높기 때문에 시가가 없는 부동산은 상속(증여)재산을 매매사례가액·감정평가액을 기준으로 부동산의 취득가액을 높게 평가해 양도소득세의 과세표준을 낮추는 게 유리하다. 하지만 양도소득세가 감면되거나 상속세 과세표준이 1,200만 원 이하 또는 30억 원을 초과하는 경우에는 상속세율보다 양도소득세율이 낮으므로 기준시가(상속개시일 전후 6개월, 증여일 전 6개월, 증여일 후 3개월 이내에 시가가 없는 경우에 한함)로 평가해 상속세를 절감하는 게 유리하다.

여기에 소개한 사례에서 홍길동 씨가 상속받은 농지는 아버지가 8년 이상 자경한 농지다. 따라서 상속일로부터 3년 이내에 매도할 경우 양도소득세가 100%(1억 원 한도) 감면되므로 기준시가로 상속재산을 평가해 상속세를 절감하는 게 유리하다. 홍길동 씨가 상속받은 농지를 6개월 이후에 매도했을 경우와 6개월 이내에 매도했을 경우로 나누어 세금을 계산해보면 다음과 같다.

6개월 이후 매도 시 상속세와 양도소득세(기준시가로 평가)

상속세

상속재산	10억 원(금융재산 5억 원, 부동산 5억 원)
상속공제	10억 원(배우자공제 5억 원, 일괄공제 5억 원)
과세표준	0
상속세	0

양도소득세

매도가액	7억 원
취득가액	5억 원
양도차익	2억 원
장기보유특별공제	0
기본공제	250만 원
과세표준	1억 9,750만 원
세율	38%
누진공제	1,940만 원
산출세액	5,565만 원
감면세액	5,565만 원
납부세액	0

6개월 이내 매도 시 상속세와 양도소득세(홍길동 씨의 매도 가격으로 평가)

상속세

상속재산	12억 원(금융재산 5억 원, 부동산 7억 원)
상속공제	10억 원(배우자공제 5억 원, 일괄공제 5억 원)
과세표준	2억 원
상속세율	20%
누진공제	1천만 원
상속세	3천만 원

양도소득세

매도가액	7억 원
취득가액	7억 원
과세표준	0
양도소득세	0

보험상품에 가입해
상속재산을 지키자

홍길동 씨는 아버지가 돌아가시고 아버지에게 빚이 많아 상속포기신고를 했다. 그 후 수개월이 지나 아버지의 사망보험금 2억 원이 확인되었다. 상속포기를 한 홍길동 씨는 아버지의 사망보험금을 수령할 수 있을까?

상속재산이 대부분 부동산 위주로 되어 있고 납부해야 할 상속세가 많다면 상속세를 금전으로 납부하는 것이 곤란할 수도 있다. 법에서는 이러한 점을 감안해 상속세가 2천만 원을 초과할 경우 상속세를 부동산 등으로 대신 납부할 수 있는 제도를 두고 있는데 이를 물납제도라고 한다. 하지만 상속세를 부동산으로 대신 납부하고 싶은 상속인은 없을 것이다. '부동산 불패'라는 말이 증명하듯이 부동산은 시간이 흐르면서 가치가 오르기 마련이고 한번 상승세를 타기 시작하면 몇 배에서 수십 배의 이익을 안겨다주기도 한다. 이러한 부동산 자산을 세금 낼 현금이 부족하다는 이유로 대신 납부하고자 하는 사람이 있을 리 없다.

그런 경우를 대비해 피상속인이 보장성보험 등의 상품에 가입해두면 부동산으로 물납하지 않고 사망보험금으로 상속세

사망보험금

민법 ──▶ 상속인의 고유재산 ──▶ 상속포기해도 받을 수 있다.

세법 ──▶ 상속재산 ──▶ 상속세를 신고하고 납부해야 한다.

를 납부할 수 있다. 특히 사망보험금은 민법상 상속인의 고유재산으로 보아 피상속인의 채무(빚)가 채권(자산)보다 많을 때도 상속인이 수령할 수 있다. 심지어 피상속인의 채무가 많아서 상속포기를 한 경우일지라도 사망보험금은 상속인의 재산이므로 상속인이 수령할 수 있다. 그런데 세법에서는 사망보험금을 상속재산으로 보고 있으므로 상속세를 신고하고 납부할 의무가 있다.

이 사례에서 아버지의 빚이 많아 상속포기신고를 했지만 민법에서 사망보험금은 상속재산이 아닌 상속인의 고유재산으로 보기 때문에 홍길동 씨는 사망보험금을 수령할 수 있다. 또한 아버지의 채권자에게 사망보험금으로 채무를 변제할 의무도 발생하지 않는다. 그러나 세법에서는 사망보험금을 상속재산으로 보기 때문에 상속세는 납부해야 한다.

• 6장의 핵심내용 •

상속세

- **개념:** 피상속인의 사망으로 인해 상속인에게 재산이 이전될 때 발생하는 세금
- **계산방식:** 상속재산에서 공과금, 장례비용, 채무와 상속공제(기초공제 2억 원+인적공제+배우자공제, 5억 원+배우자공제 중 선택)를 차감한 과세표준에 세율을 곱해 계산한다.
- **세율:** 10~50%(증여세와 같음)
- **신고·납부기한:** 상속개시일이 속하는 달의 말일부터 6개월 이내
- **관할세무서:** 피상속인의 주소지

증여세

- **개념:** 증여자 생전에 수증자에게 재산이 이전될 때 발생하는 세금
- **계산방식:** 증여세 과세가액에서 증여재산공제(배우자는 6억 원, 직계존·비속은 5천만 원 등)를 차감해 증여세 과세표준을 계산하고 해당 세율을 곱한다.
- **세율:** 10~50%(상속세와 같음)
- **신고·납부기한:** 증여받은 날이 속하는 달의 말일부터 6개월 이내
- **관할세무서:** 수증자의 주소지

상속·증여세 절세 전략

● 10년 동안 증여된 가액을 합산해 과세하므로 10년 단위로 증여하는 게 유리하다.

● 증여재산에 속해 있는 채무까지 같이 넘겨주는 부담부증여를 고려한다.

● 사망보험금은 상속인 고유재산으로 보아 상속포기를 했어도 사망보험금으로 상속세를 납부할 수 있다.

● 사전증여를 하면 상속개시 때 세율이 줄어들어 세액 절감 효과가 있다.

부록1

부동산 세금 용어 해설

1. 국세

국가가 부과하는 조세인 국세에는 법인세, 소득세, 상속세, 증여세 등이 해당된다. 한편 국세와 반대되는 세금으로 지방세가 있는데, 부동산 취득 시에는 취득세, 부동산 보유 시에는 재산세와 지방교육세 및 지역자원시설세가 부과된다.

> **Q** 홍길동 씨는 얼마 전 오피스텔을 구매해서 소유 및 임대하다가 처분하게 되었다. 이럴 경우 발생하는 지방세와 국세에는 어떤 세목이 있을까?
>
> **A** 오피스텔을 구매한 경우에는 취득세(지방세)와 인지세(국세)가 발생하고, 소유하고 있는 동안에는 재산세(지방세)와 임대소득세(국세)가 발생하며, 처분 시에는 양도소득세(국세)가 발생한다.

2. 가산세

가산세란, 세법에 규정하는 의무의 성실한 이행을 확보할 목적으로 그 의무를 위반한 경우 당해 세법에 의해 산출한 세액에 가산해 징수하는 금액을 말한다. 다만 가산금은 이에 포함하지 않는다.

Q 무역업을 하는 김사업 씨는 얼마 전 사두었던 토지를 처분했다. 그런데 해외 무역박람회가 있어 출장을 다녀오는 바람에 토지처분 시 발생하는 양도소득세 신고를 못 했다. 이 경우 추가로 어떤 세금이 발생할까?

A 토지를 처분하는 경우에는 양도소득세를 부담하도록 되어 있으며, 양도일이 속하는 달의 말일부터 2개월 이내에 신고 및 납부를 하도록 되어 있다. 그런데 이러한 신고를 하지 않은 경우에는 무신고에 대한 가산세와 납부불성실가산세가 추가로 발생하게 되므로 주의를 요한다.

> 더 알아보기

신고불성실가산세

① 무신고가산세: 납부세액의 20%

② 과소신고가산세: 납부세액의 10%

③ 부정행위로 인한 무신고가산세 및 과소신고가산세: 납부세액의 40%
  (다만 수정신고를 했다면 신고기한 경과 후 1개월 이내에는 90% 감면, 3개월 이내에는 75% 감면, 6개월 이내에는 50% 감면, 6개월 초과~1년 이내에는 30% 감면, 1년 6개월 이내에는 20% 감면, 2년 이내에는 10% 감면이 적용된다.)

④ 납부지연가산세: 미납부세액×0.025%×경과일수

3. 가산금

과세권자가 고지서를 발부해 징수할 때(이를 지방세법에서는 보통 징수방법이라고 함) 고지서상 납부기한까지 납부하지 않는 경우 과태료적 또는 이자적 성질로 본세에 가산해 징수하는 금액을 말한다. 납기 경과 후 1개월까지는 고지세액의 3%가 가산되고 그 후에는 매 1개월이 경과하는 때마다 0.75%의 가산금이 부과된다. 이때 0.75%씩 부과되는 가산금을 중가산금이라고 하며, 중가산금은 납기 경과 후 60개월까지 부과된다. 중가산금은 체납된 지방세가 30만 원 미만일 때는 적용하지 않는다.

Q 상가건물을 소유하고 있는 홍길동 씨는 상가건물에 대한 재산세 100만 원을 체납하다가 해당 구청의 독촉에 못 이겨 재산세를 10월 2일로 미루어 납부하게 되었다. 이런 경우 재산세는 얼마나 나오게 될까?

A ① 일반가산금: 100만 원×3% = 3만 원
② 중가산금: 100만 원×0.75%×2개월 = 1만 5천 원
③ 일반가산금 + 중가산금 = 총 4만 5천 원

＊상가건물의 재산세 납기는 매년 7월 16일부터 7월 31일인데, 10월 2일에 납부했으므로 2개월이 경과되어 중가산금 계산 시 2개월을 적용한 것이다.

4. 과세기간

세금이 부과되는 기간을 의미하는 것으로, 각 세법에서는 과세 표준을 산정하는 때 일정한 기간을 단위로 계산하게 되는데 이러한 단위기간을 과세기간이라 한다. 주요 세목별로 살펴보면, 소득세는 1월 1일부터 12월 31일까지를 과세기간으로 정하고 있으며, 부가가치세는 일반사업자의 경우 1기는 1월 1일부터 6월 30일까지, 2기는 7월 1일부터 31일까지다. 간이사업자의 경우에는 1월 1일부터 12월 31일까지를 과세기간으로 정하고 있다.

Q 얼마 전 미분양상가를 낙찰받은 오열심 씨는 낙찰받은 상가에서 그 해 3월부터 7월 현재까지 편의점을 운영하고 있다. 그런데 세무서에 문의해보니 오열심 씨는 일반사업자라고 한다. 그렇다면 편의점에서 발생한 모든 수입에 대한 부가가치세를 신고해야 하는 것일까?

A 오열심 씨는 일반사업자이므로 1월 1일부터 6월 30일까지 발생한 수입에 대해서만 신고하도록 되어 있다. 따라서 7월분에 대한 수입은 그다음 기간에 신고하면 된다.

5. 과세표준

세법에 의해 직접적으로 세액산출의 기초가 되는 과세물건의 수량 또는 가액을 말한다. 이때 과세표준이 수량으로 표시되는 것을 종량세, 가액으로 표시되는 것을 종가세라고 한다.

Q 얼마 전 김투자 씨는 경매 사이트를 검색하다가 좋은 땅이 있어 경매로 1억 원에 낙찰을 받게 되었다. 이 경우 얼마를 과세표준으로 해야 하는가?

A 경매로 낙찰을 받은 경우에는 낙찰가액을 과세표준, 즉 과세할 수 있는 기준액으로 정하고 있다. 낙찰 시 발생하는 취득세는 과세표준을 1억 원으로 하고, 이에 대한 세율을 4%로 해서 계산하면 된다. 즉 '1억 원× 4%=400만 원'이다.

---

6. 거주자

국내에 주소를 두거나 183일 이상 거소를 둔 개인을 말하는 것으로, 그 외에는 비거주자가 있다. 우리나라에서의 거주자와 비거주자의 구별은 주소지주의에 따르며 국적과는 관계가 없다.

Q 무역업을 하는 이무역 씨는 비즈니스 문제로 한국, 일본, 유럽에서 몇 개월씩 거주하면서 사업을 하고 있다. 그러면 이무역 씨는 거주자로서 납세의무를 이행해야 할까?

A 이무역 씨의 경우 183일 이상 한국에 체류하면서 거주하고 있었다면 거주자가 되겠지만 그렇지 않은 경우에는 비거주자가 된다.

---

7. 고가주택

고가주택은 양도소득 및 부동산임대업의 사업소득에 나오는 용어로서, 양도소득세에서는 주택과 이에 부수되는 토지의 양도 당시의 실지거래가액(양도자와 양수자 간에 실제로 거래한 가액)의 합계액이 12억 원을 초과하는 것을 말하며 비과세에서 제외된다. 한편 부동산임대업의 사업소득에서는 과세기간 종료일 또는 당해 주택의 양도일 현재 주택과 부수토지의 기준시가가 9억 원을 초과하는 주택을 말하는 것으로서 비과세가 배제되는 주택에 해당한다.

> **Q** 김투자 씨는 서울 강남의 8억 5천만 원짜리 아파트를 분양받고 4년간 보유하다 20억 원에 처분했다. 1세대 1주택자가 2년 이상 소유 및 거주하다 처분하게 되면 양도소득세 비과세를 적용받을 수 있다는 말을 들었는데, 과연 김투자 씨는 양도소득세 비과세 적용을 받을 수 있을까?
>
> **A** 비과세를 적용받을 수 없다. 그 이유는 양도 시점에 해당 아파트는 12억 원에 거래되는 고가주택이기 때문이다. 세법상 아무리 1세대 1주택일지라도 고가주택인 경우에는 비과세 적용을 받을 수 없다.

8. 기준시가

기준시가란 양도소득세 및 상속세, 증여세 등을 과세하기 위한 기준이 되는 시가를 말한다.

Q 최근 홍길동 씨는 보유하고 있던 땅을 팔았다. 그런데 소유하고 있던 땅의 보유기간이 너무 오래되어 당시 취득가액을 확인할 수가 없다. 이럴 때는 어떻게 취득가액을 확인할 수 있을까?

A 보통 토지는 보유기간이 오래되다 보니 취득가액을 확인하기가 어려울 경우가 많다. 그럴 경우에는 취득가액을 추계로 계산해야 한다. 추계가액을 정할 때는 '매매사례가액 → 감정가액 → 환산가액 → 기준시가'순으로 가액이 정해진다.

9. 납세지

과세표준의 신고와 세액의 납부 또는 조사결정 및 징수 등 납세의무자의 제반세무사항을 처리하는 관할관청(세무서, 시·군·구청)을 정하는 장소적 단위를 말한다.

Q 부산 서면에 거주하고 있는 이부산 씨는 최근에 관광객이 많은 서울시 종로구 평창동에 있는 오피스텔을 하나 구입했다. 그가 부담하게 되는 취득세는 부산에 있는 해당 구청에 신고 및 납부를 해야 할까, 아니면 서울에 있는 종로구청에 신고 및 납부를 해야 할까?

A 취득세의 납세지는 취득하는 물건의 소재지를 납세지로 정하고 있다. 따라서 이부산 씨는 오피스텔의 소재지가 있는 종로구청에 신고 및 납부를 하면 된다.

10. 비과세

처음부터 과세대상으로 규정하지 않았거나 과세대상 중 일정한 한도 및 부분에 대해서는 납세의무가 성립되지 않도록 한 것을 말한다. 소득세는 각 소득별로 비과세 규정을 두고 있다. 현행 양도소득세에서는 1세대가 1주택을 2년 이상 소유하다가 주택을 처분한다든가, 경작상의 사유 등으로 농지(논밭)를 교환하는 경우에는 양도소득세 비과세가 적용된다.

> **Q** 최근 서울에 아파트를 분양받아놓은 김투자 씨는 조정대상지역이 아닌 아파트를 3년간 소유하다가 처분하게 되었다. 이 경우 아파트 처분에 따른 양도소득세는 어떻게 될까?
>
> **A** 현행 세법상 1세대가 조정대상지역이 아닌 1주택을 2년 이상 소유(단, 조정대상지역은 2년 이상 거주)하다가 처분하면 양도소득세 비과세가 적용된다. 이 경우 해당 아파트에 거주하는 요건을 충족할 필요는 없다.

11. 1세대

1세대라 함은 거주자 및 배우자가 그들과 동일한 주소 또는 거소에서 생계를 같이하는 가족과 함께 구성하는 1세대를 말한다. 다만 예외적으로 배우자가 없어도 배우자의 사망 또는 이혼 등으로 부득이한 경우에는 1세대로 보는 경우가 있다.

Q 홍길동 씨는 본인 명의로 1주택, 32세인 아들 명의로 1주택으로 총 2주택을 소유하고 있다. 홍길동 씨 명의의 집을 처분하려고 하는데 양도소득세가 걱정스럽다. 홍길동 씨를 위한 좋은 절세방법이 없을까?

A 30세 이상인 아들이라면 세대분리가 가능하므로 양도하기(잔금지급일) 전에 주소분리를 해두면 된다. 세대분리 시 홍길동 씨 명의의 주택은 1세대 1주택에 해당하므로 양도소득세 비과세 적용을 받을 수 있다.

12. 양도

양도라 함은 자산의 등기 또는 등록에 관계없이 매도, 교환, 법인에 대한 현물출자, 부담부증여 등으로 인해 그 자산이 사실상 유상으로 이전되는 것을 말한다. 상속이나 증여와 같은 자산의 무상이전은 양도소득세의 과세대상이 아니다.

Q 이토지 씨는 대출을 끼고 구입한 토지를 대출이자가 부담스러워 할 수 없이 친구에게 증여해주기로 했다. 이러한 경우 증여에 대한 증여세만 부담하면 되는 것인지 헷갈려 전문가에게 자문을 구했다. 과연 이토지 씨의 생각이 맞는 것일까?

A 위 사례의 경우 대출을 끼고 증여를 해준 경우에는 대출액에 해당하는 만큼은 수증자가 증여자에게 대가를 지불한 것으로 보아 양도로 보며, 나머지 부분은 증여로 보는 부담부증여에 해당한다. 따라서 증여세와 양도소득세의 납세의무가 동시에 발생하므로 주의해야 한다.

13. 양도차익

소득세법상 양도소득세 과세 대상자산을 양도한 경우 양도로 인해 발생한 이익을 말하는 것으로, 양도가액에서 취득가액과 필요경비를 차감한다. 계산방식은 기준시가에 의한 방식과 실지거래가액에 의한 방식이 있다.

> **Q** 최근에 상가건물에 투자하고자 하는 나상가 씨는 2억 원에 상가를 낙찰받아 수리비 1천만 원을 들여 4년 뒤에 3억 1천만 원에 처분했다. 이러한 경우 처분에 따른 양도차익은 얼마가 될까?
>
> **A** 이 사례의 경우 양도가액이 3억 1천만 원이고 취득에 따른 필요경비가 2억 1천만 원에 해당하므로 양도차익은 1억 원이 된다.

14. 종합부동산세

지방세에 해당하는 재산세와 함께 부동산 보유 관련 국세에 해당한다. 고액의 부동산 보유자에 대해서는 부동산 보유세를 과세할 때 지방세보다 높은 세율로 과세함으로써 조세 부담의 형평성을 제고하고, 부동산 가격의 안정을 도모하기 위한 조세다.

일반주택을 여러 채 소유하고 있다면 국세청 기준시가가 6억 원을 초과할 경우 종합부동산세가 부과될 수 있다. 토지를 소유하고 있다면 영업용 토지는 개별공시지가 80억 원을 초과할 경우, 비사업용 토지는 개별공시지가 5억 원을 초과할 경우 종합부동산세가 부과된다.

> **Q** 경매 투자에 끌려 여러 채의 아파트를 경매받은 이부자 씨는 매년 재산세를 부담하고 있다. 그런데 최근에 낙찰받은 아파트 때문인지 얼마 전에는 종합부동산세 고지서를 받게 되었다. 이부자 씨의 재산가액이 어느 정도 되어야만 종합부동산세가 부과될까?
>
> **A** 주택이 임대주택으로 등록되어 있지 않은 이상 이부자 씨가 소유한 주택을 합쳐서 공시된 가액이 6억 원을 초과하면 그 초과액만큼 종합부동산세가 부과된다.

15. 종합과세

법이 정하는 기간 내에 각자에게 귀속된 일체의 소득을 종합해 그 소득금액을 과세표준으로 삼아 소득세를 과세하는 방법을 말한다.

> **Q** 직장인 이근면 씨는 최근에 경매로 상가를 낙찰받아 임대를 주고 있다. 이근면 씨는 본인의 급여소득 외에 상가 임대소득을 함께 신고해야 하는지 궁금하다. 이근면 씨는 급여소득과 임대소득을 합산해 소득세 신고를 해야 하는 걸까?
>
> **A** 개인에게 이자, 배당, 사업, 근로, 연금, 기타의 소득이 발생하는 경우에는 종합과세하도록 되어 있다. 그러므로 이근면 씨는 급여소득과 상가 임대로 발생한 소득을 합산해 5월에 종합소득세 신고를 해야 한다.

16. 확정신고

소득세의 납세의무자인 거주자는 1월 1일부터 12월 31일까지의 종합소득을 다음 해 5월 1일부터 5월 31일까지 세무서에 신고하도록 되어 있다. 이것을 확정신고라 하며, 확정신고와 함께 개인소득자는 확정신고에 대한 개인소득세를 납부해야 한다.

> **Q** 중개업을 영위하고 있는 이중개 씨는 1년 동안 받은 중개보수에 대한 사업소득세 신고를 하려고 한다. 사업소득세 신고는 언제까지 해야 할까?
>
> **A** 1년 동안 번 중개보수의 소득세 확정신고는 다음 해 5월 1일부터 5월 31일까지다.

17. 간이과세제도

사업 규모가 일정 규모 이하인 영세한 사업자의 신고부담을 덜어주기 위한 제도로서, 직전 1역년의 공급대가가 8천만 원 미만인 개인사업자를 말한다.

> **Q** 경매를 사업으로 하고 싶은 김부자 씨는 사업자등록을 하고자 한다. 간이과세 사업자나 일반과세사업자 중 어떠한 사업자를 내면 좋을까?
>
> **A** 경매를 사업으로 하고자 하므로 부동산매매업으로 사업자등록을 해야 한다. 부동산매매업은 간이과세 배제업종에 해당해 간이사업자 등록을 낼 수 없다.

일반과세자와 간이과세자 비교

구분	일반과세자	간이과세자
적용 대상	법인사업자 포함	직전 1역년의 공급대가가 8천만 원 미만인 개인사업자에 한함
적용배제 업종	-	① 광업·제조업·도매업·부동산매매업 ② 법정 부동산임대업·과세유흥장소 영위 사업 및 변호사업 등 전문인적용역 ③ 사업장 소재지역 등을 감안해 국세청장이 정하는 기준에 해당하는 경우 ④ 일반과세가 적용되는 다른 사업장을 보유하고 있는 사업자(개정)
포기	-	간이과세를 포기하고 일반과세자가 될 수 있음
납부세액 계산	매출세액 - 매입세액	공급대가 × 부가가치율 × 10%
매입세액 계산	전액	매입세액 × 부가가치율
세금계산서 교부	세금계산서 교부 원칙	영수증 교부만 가능
신고납부	예정신고납부 원칙 → 개인사업자는 예정고지납부	예정납부 생략
납부의무의 면제	-	공급대가가 4,800만 원 미만인 경우
미등록 가산세	공급가액의 1%	공급대가의 0.5%

18. 사업자등록

부가가치세법에서는 영리 목적의 유무와 상관없이 사업상 독립적으로 재화 또는 용역을 공급하는 자를 사업자라고 해서 부가가치세를 납부할 의무를 지게 한다. 사업자가 사업을 시작할 때 사업개시일로부터 20일 이내에 사업장 관할세무서에 사업자등록 신청서를 제출하도록 되어 있다. 등록 신청을 받은 세무서장은 신청일로부터 3일(토요일, 공휴일 또는 근로자의 날 제외) 이내에 사업자등록증을 발급해야 한다. 다만 사업장현황확인 필요시에는 5일 이내에서 연장 가능하다.

Q 상가분양을 받은 김투자 씨는 분양 시 부담했던 부가가치세를 환급받기 위해서는 사업자등록을 해야 한다는 말을 듣고 사업자등록을 하고자 한다. 이러한 경우 언제부터 20일 이내에 사업자등록을 해야 할까?

A 부가가치세를 환급받기 위해서는 분양계약일로부터 20일 이내에 사업자등록을 해야만 계약금, 중도금, 잔금에 포함된 부가가치세를 환급받을 수 있다.

19. 세금계산서

세금계산서란 사업자가 재화 또는 용역을 공급하는 때 그에 대한 부가가치세를 거래 상대방으로부터 징수하고 이를 증명하기 위해 작성하는 계산서를 말한다. 공급 시 세금계산서를 2부 작성해 공급하는 자와 공급받는 자끼리 주고받도록 되어 있다. 세금계산서에는 일반세금계산서, 영수증, 수입세금계산서가 있으며, 세금계산서 작성 시 세금계산서의 기재사항에는 필요적 기재사항과 임의적 기재사항이 있다.

Q 간이사업자인 공인중개사 이중개 씨 사무실에서 일반사업자인 기업고객의 지식산업센터를 중개하게 되었으며, 중개가 성립되어 중개보수를 받게 되었다. 그런데 기업고객 쪽에서 이중개 씨에게 세금계산서 발행을 요청했다. 이 경우 이중개 씨는 세금계산서 발행이 가능할까?

A 이중개 씨의 경우 간이사업자에 해당하므로 세금계산서 발행은 불가능하다. 간이사업자는 세금계산서를 수령할 수는 있지만 발행은 할 수 없도록 되어 있기 때문에 영수증 발행만 가능하다.

20. 상속세

일반적으로 사람의 사망으로 인한 재산상 법률관계의 포괄적 승계를 상속이라고 하는데, 피상속인의 사망으로 상속이 개시된다(민법 제997조). 즉 사망하거나 또는 실종선고를 받은 자(피상속인)의 법률상 지위를 일정한 자(상속인)들이 포괄적으로 승계하는 것을 말하는 것이다. 부동산, 금융재산 등을 상속받은 뒤 상속개시일이 속하는 달의 말일로부터 6개월(외국에 주소를 둔 경우에는 9개월) 이내에 신고 및 납부를 하도록 되어 있다.

> **Q** 직장인 막살아 씨는 평소 술과 담배를 좋아하다가 심장마비로 돌연사하게 되었다. 상속인인 막근로 씨는 갑자기 돌아가신 아버지로 인한 상속 문제를 어떻게 처리해야 하는지 걱정되어 전문가에게 자문을 구하고자 한다. 막근로 씨가 상속으로 인해 확인해야 할 사항은 무엇이 있을까?
>
> **A** 먼저 상속이 이루어진 경우에는 상속재산이 무엇이 있는지를 확인하는 게 중요하다. 상속재산에는 부동산, 예금, 적금, 보험금 등의 금융재산, 퇴직금 등이 있다. 최근에 상속인이 사망자의 주민등록 주소지 시·구, 읍·면 등 주민센터에서 사망신고 시 상속재산조회 신청을 하면 일괄로 상속재산을 파악할 수 있는 안심상속 원스톱서비스가 나와 아주 편리하게 조회할 수 있다.

21. 증여세

'증여'는 자기재산을 무상으로 상대에게 줄 의사를 나타내고 상대가 이를 받아들이는 일이나 그 계약을 말한다. 지방세법에서는 증여, 기부에 의해 취득하는 것을 무상승계취득이라고 한다. 그 취득 시기는 계약일이 되지만 등기이전부터 했다면 등기이전일을 취득 시기로 본다. 과세표준은 신고가액과 시가표준액 중 큰 금액으로 결정하는데 취득세도 같은 방법으로 결정한다. 또한 증여로 인한 경우 증여세 신고는 증여받은 날이 속하는 날의 말일로부터 3개월 이내에 신고 및 납부를 해야 한다.

22. 증여재산공제

증여재산공제는 가족, 친족 간에 증여할 때 일정액을 공제해주는 것이다. 10년 동안 배우자로부터 증여받으면 6억 원, 자녀가 부모로부터 증여받으면 5천만 원(미성년자는 2천만 원), 기타 친족으로부터 증여받은 경우에는 1천만 원을 증여재산에서 공제해준다.

23. 고급오락장

> **Q** 자산가인 김부자 씨는 아내와 아들에게 4억 5천만 원 상당의 재산을 미리 증여해주고자 한다. 어떻게 해야 증여세를 줄이면서 절세할 수 있을까?
>
> **A** 아내에게 4억 원 정도의 재산을 증여해주고, 자녀에게 5천만 원 정도의 재산을 증여해주면 절세 효과가 있다. 배우자인 아내는 6억 원까지 증여재산공제를 받을 수 있으며, 자녀는 5천만 원까지 공제 적용이 가능하기 때문이다.

지방세법상 고급오락장은 카지노장, 자동도박기(파친코 등) 설치 장소, 고급미용실, 무도유흥주점(카바레, 나이트클럽, 디스코클럽 등), 룸살롱, 요정 등을 말하며 사치성재산으로 분류된다. 이를 취득하는 때(부속토지 포함) 그 취득세의 세율은 일반세율과 중과기준세율(2%)의 4배인 중과세율을 적용하며, 재산세의 세율은 8%를 적용한다.

24. 과세기준일

과세기준일이란 재산세와 종합부동산세 납세의무의 성립시기를 판단하는 기일을 말하는 것으로, 매년 6월 1일을 과세기준일로 정하고 있다.

25. 시가표준액

시가표준액은 지방세 부과의 기준이 되는 금액으로 지방자치단체에서 매년 1회 조례로서 적용하는 금액이다. 지방세법상 부동산 평가 시 적용되는 평가기준이다.

구체적으로 토지의 시가표준액은 개별공시지가, 단독주택의 경우에는 개별주택가액, 아파트 등의 공동주택의 경우에는 공동주택가액이라고 한다. 건축물의 경우에는 건축물의 신축가액에 구조지수, 용도지수 등을 반영해 시가표준액을 정하고 있다.

> **Q** 최근 김귀농 씨는 고향으로 귀농을 생각하던 차에 마침 아버지께서 논을 증여해주시기로 했다. 그런데 논을 넘겨받는 과정에서 발생할 증여세와 취득세에 대한 걱정이 앞선다. 증여한 금액을 모르는데 어떻게 증여재산가액을 정해야 할지 난감하기 때문이다. 이럴 때는 어떻게 해결하면 좋을까?

A 먼저 증여재산가액을 모르는 경우에는 국세청장이나 시장·군수가 정해 놓은 기준가격을 기준으로 증여세와 취득세 신고를 해두면 된다. 증여 세 같은 국세를 적용하는 경우 기준가격은 기준시가라고 부르며, 취득 세 같은 지방세를 적용하는 경우에는 시가표준액이라고 부른다.

부동산 세금별 세율표

1. 취득세 세율표

매매 등의 유상취득

구분			취득세	농어촌 특별세	지방 교육세	합계세율
주택	85m² 이하	6억 원 이하	1%	-	0.1%	1.1%
		6억 원 초과*~ 9억 원 이하	1.01~ 3%	-	0.1~ 0.3%	1.11~ 3.3%
		9억 원 초과	3%	-	0.3%	3.3%
	85m² 초과	6억 원 이하	1%	0.2%	0.1%	1.3%
		6억 원 초과~ 9억 원 이하	1.01~ 3%	0.2%	0.1~ 0.3%	1.31~ 3.5%
		9억 원 초과	3%	0.2%	0.3%	3.5%
	조정지역 2주택, 비조정 지역 3주택	85m² 이하	8%	-	0.4%	8.4%
		85m² 초과	8%	0.6%	0.4%	9%
	조정지역 3주택 이상	85m² 이하	12%	-	0.4%	12.4%
		85m² 초과	12%	1%	0.4%	13.4%
농지	신규		3%	0.2%	0.2%	3.4%
	2년 이상 자경		1.5%	-	0.1%	1.6%
일반적인 매매(농지 제외)			4%	0.2%	0.4%	4.6%

* (취득 당시 가액) × (2/3억 원 - 3) × 1/100

증여 등의 무상취득

구분	취득세	농어촌 특별세	지방교육세	합계세율
일반적인 무상취득	3.5%	0.2%	0.3%	4%
비영리	2.8%	0.2%	0.16%	3.16%

상속

구분	취득세	농어촌 특별세	지방교육세	합계세율
일반적인 상속	2.8%	0.2%	0.16%	3.16%
농지	2.3%	0.2%	0.06%	2.56%
1가구 1주택	0.8%	-	0.16%	0.96%

기타

구분	취득세	농어촌 특별세	지방교육세	합계세율
원시취득	2.8%	0.2%	0.16%	3.16%
공유물·합유물·총유물의 분할	2.3%	0.2%	0.06%	2.56%

2. 재산세 세율표

주택

구분	과세표준	세율	누진공세
주택*	6천만 원 이하	0.1%	-
	6천만 원 초과~1억 5천만 원 이하	0.15%	3만 원
	1억 5천만 원 초과~3억 원 이하	0.25%	18만 원
	3억 원 초과	0.4%	63만 원
별장		4%	-

* 9억 원 이하의 1세대 1주택자의 경우에는 0.05~0.35%

토지

종합합산과세 대상 토지

과세표준	세율	누진공제
5천만 원 이하	0.2%	-
5천만 원 초과~1억 원 이하	0.3%	5만 원
1억 원 초과	0.5%	25만 원

별도합산과세 대상 토지

과세표준	세율	누진공제
2억 원 이하	0.2%	-
2억 원 초과~10억 원 이하	0.3%	20만 원
10억 원 초과	0.4%	120만 원

분리과세 대상 토지

분리과세대상토지	세율
전·답·과수원·목장용지·임야	0.07%
입지지역 안 공장용지·산업용지	0.2%
회원제 골프장 및 고급오락장용 토지	4%

건축물

구분	세율
일반 건축물	0.25%
주거지역 등(시 지역)에 소재한 공장용 건축물	0.5%
회원제 골프장 및 고급오락장용 건축물	4%

3. 종합부동산세 세율표

과세표준 (합산가액 - 6억 원) × 90% *1세대 1주택은 9억 원 공제	2주택 이하 (조정대상지역은 1주택)		3주택 이상 (조정대상지역은 2주택 이상)	
	세율	누진공제	세율	누진공제
3억 원 이하	0.6%	-	1.2%	-
3억 원 초과~ 6억 원 이하	0.8%	60만 원	1.6%	120만 원
6억 원 초과~ 12억 원 이하	1.2%	300만 원	2.2%	480만 원
12억 원 초과~ 50억 원 이하	1.6%	780만 원	3.6%	2,160만 원
50억 원 초과~ 94억 원 이하	2.2%	3,780만 원	5.0%	9,160만 원
94억 원 초과	3%	1억 1,300만 원	6.0%	1억 8,560만 원

종합합산과세 대상 토지

과세표준 (합산가액 - 5억 원) × 90%	세율	누진공제
15억 원 이하	1%	-
15억 원 초과~45억 원 이하	2%	1,500만 원
45억 원 초과	3%	6천만 원

별도합산과세 대상 토지

과세표준 (합산가액-80억 원)×90%	세율	누진공제
200억 원 이하	0.5%	-
200억 원 초과~400억 원 이하	0.6%	2천만 원
400억 원 초과	0.7%	6천만 원

4. 양도소득세 세율표

구분	세율		
미등기 부동산	70%(보유기간 관계없음)		
단기보유 부동산 (2021년 양도분부터는 토지·건물과 주택의 세율이 동일)	보유기간	토지·건물	주택 및 조합원 입주권*
	1년 미만	50%	70%
	1년 이상~2년 미만	40%	60%
기본세율	과세표준		세율
	1,200만 원 이하		6%
	1,200만 원 초과~4,600만 원 이하		15%
	4,600만 원 초과~8,800만 원 이하		24%
	8,800만 원 초과~1억 5천만 원 이하		35%
	1억 5천만 원 초과~3억 원 이하		38%
	3억 원 초과~5억 원 이하		40%

* 주택분양권: 1년 미만-70%, 1년 이상-60%

기본세율	5억 원 초과~10억 원 이하	42%
	10억 원 초과	45%
2주택자가 조정지역 내 주택을 매도한 경우	기본세율+20%	
3주택자가 조정지역 내 주택을 매도한 경우	기본세율+30%	

5. 상속세 및 증여세 세율표

과세표준	세 율	누진공제액
1억 원 이하	10%	-
1억 원 초과~5억 원 이하	20%	1천만 원
5억 원 초과~10억 원 이하	30%	6천만 원
10억 원 초과~30억 원 이하	40%	1억 6천만 원
30억 원 초과	50%	4억 6천만 원

2022 주요 부동산 세법 개정내용

1. 국세기본법

소액 체납에 대한 납부지연가산세 면제 확대
(국기법 §47의4·47의5, 관세법 §42)

현행	개정
납부지연가산세 면제대상 소액 체납세액	납부지연가산세 면제대상 소액 체납세액 기준 상향조정
▶ **100만 원 미만*** 체납세액 대하여 **납부지연가산세 면제****	▶ **기준금액 상향조정 :** 100만 원 → 150만 원
* ①체납된 국세의 세목별·납부고지서별 세액, ②체납된 관세(세관장이 징수하는 내국세 포함)가 100만 원 미만인 경우 ** 일할분(일 0.025%)만 면제 (체납 일시부과분(3%)는 과세)	

개정 이유

납부지연가산세가 면제되는 소액 체납세액 기준을 물가·소득수준을 반영하여 조정

적용 시기

2022.1.1. 이후 부과하는 분부터 적용

납부지연가산세율 인하
(국기령 §27의4, 관세령 §39)

현행	개정
납부지연가산세율 ▶ 미납세액×(납부기한 다음날~납부일) 　×1日 0.025%(연 9.125%)	납부지연가산세율 인하 ▶ 日 0.019~0.022%* 　범위 내 결정 　* 연간 환산이자율 6.94~8.03% 　※시행령 정기개정 시 시중은행 　　연체이자율을 감안하여 결정

개정이유

납세자의 부담 완화

적용 시기

이 영 시행일 이후 부과하는 분부터 적용. 다만, 이 영 시행일 이전 납부기한 경과분에 대해서는 종전 규정 적용

2. 종합부동산 세법

상속주택의 주택 수 제외 요건 합리화
(종부령 §4의2)

현행	개정
종부세 세율 적용시 주택 수 판정	상속주택 주택 수 제외 요건 변경
▶ **(공동 소유)** 공동 소유자 각자 소유한 것으로 간주	
▶ **(다가구 주택)** 1주택으로 간주	(좌동)
▶ **(합산배제 임대주택)** 주택 수 제외	
▶ **(합산배제 사원용주택 등)** 주택 수 제외	
▶ **(상속주택)** 소유지분 20%, 공시가격 3억원 이하인 경우 주택 수 제외	▶ **상속개시일부터 2년*간** 주택 수에서 제외 * 수도권·특별시(읍·면지역 제외), 광역시(군지역 제외) 외 지역은 3년 ** 지분, 가액 未고려 ※ 상속받은 분양권·조합원입주권에 의하여 취득한 주택 포함

🔖 **개정 이유**

상속주택에 대한 종부세 과세 합리화

🔖 **적용 시기**

영 시행일 이후 납세의무가 성립하는 분부터 적용

※ **경과 조치**

영 시행일 전에 상속이 개시되고 과세기준일 현재 종전 규정에 따른 요건을 충족한 경우 종전 규정 적용

종합부동산세 합산배제 주택 추가
(종부령 §4①)

현행	개정
종합부동산세 합산배제 주택	납부지연가산세율 인하
▶ 공공임대주택, 장기일반민간임대 주택 등	(좌동)
▶ 사원용 주택 및 기숙사 등	
▶ 가정어린이집	▶ **모든 어린이집***으로 확대
	*국공립, 직장, 협동 어린이집 등
▶ 국가등록문화재 주택	▶ **시·도등록문화재** 추가
<추 가>	▶ **주택건설사업자 등***의 **멸실 예정 주택**
	*❶ 주택건설사업자
	❷ 주택조합
	❸ 재개발·재건축 사업 시행자
	❹ 공공주택사업자 등
	- 다만, **취득일로부터 3년 내 멸실하지 않는 경우 제외**

개정 이유

합산배제 대상 확대를 통한 종부세 과세 합목적성 제고

적용 시기

영 시행일 이후 납세의무가 성립하는 분부터 적용

종합부동산세 합산배제 주택 범위 확대
(종부령 §4①)

현행	개정
종합부동산세 합산배제 주택	합산배제 주택 범위 확대
▶ 공공임대주택, 장기일반민간임대 주택 등 ▶ 사원용 주택 및 기숙사 등	(좌동)
<추 가>	▶ 다음의 **사업**에 대해 **공공 사업시행 자가 수용 방식으로 매입**한 주택 　- **소규모 재개발사업 및 가로·자 율주택정비사업** 　- **도심 공공주택 복합사업** 　- **주거재생혁신지구**에서 시행하 는 **혁신지구재생사업** 　- **공공 직접 시행 정비사업*** 　*「도시 및 주거환경정비법」 개정 전제 로 추진

개정 이유

주택공급 활성화 지원

적용 시기

영 시행일 이후 납세의무가 성립하는 분부터 적용

3. 소득세법

소형주택 간주임대료 과세특례 적용기한 연장
(소득법 §25)

현행	개정
3주택 이상자 보증금등에 대한 간주임대료 과세 ▶ **(대상)** 3주택 이상자가 받는 전세금·보증금 등 　- 단, 소형주택*은 주택 수 및 간주임대료 과세대상에서 제외 　　*1세대당 40m2 이하이면서 기준시가 2억원 이하인 주택 ▶ **(적용기한)** 2021.12.31.	소형주택에 대한 과세 특례적용기한 2년 연장 (좌동) ▶ 2023.12.31.

개정 이유

서민 주거비용 부담 완화

1세대 1고가주택에 대한 양도차익 등의 계산방식 정비
(소득령 §160①)

현행	개정
고가주택 양도차익 ▶ 양도차익 중 **양도가액 9억 원 초과분*** 　* 양도차익 × $\dfrac{(양도가액-9억\ 원)}{양도가액}$	**비과세 기준금액 상향 조정반영** ▶ **9억 원 초과분 → 12억 원 초과분*** 　* 양도차익 × $\dfrac{(양도가액-12억\ 원)}{양도가액}$
고가주택 장기보유특별공제액 ▶ 장기보유특별공제액 중 **양도가액 9억 원 초과분*** 　* 장기보유 　　특별공제액 × $\dfrac{(양도가액-9억\ 원)}{양도가액}$	▶ **9억 원 초과분 → 12억 원 초과분*** 　* 장기보유 　　특별공제액 × $\dfrac{(양도가액-12억\ 원)}{양도가액}$

 개정 이유

　　1세대 1고가주택의 양도차익 등 계산방식 보완

 적용 시기

　　법 공포일(2021.12.8.) 이후 양도하는 분부터 적용

1세대 1주택 1조합원입주권 비과세 특례요건 합리화
(소득령 §156의2④)

현행	개정
1세대 1주택 1조합원입주권 비과세 요건(❶, ❷ 중 어느 하나에 해당)	비과세 요건 보완
❶ 1주택을 소유한 1세대가 **조합원입주권 취득 후 3년 이내**에 종전주택을 **양도**하는 경우 　- **종전주택 취득 후 1년 이상**이 지난 후에 입주권 취득	❶ (좌동)
❷ 1주택을 소유한 1세대가 **조합원입주권 취득 후 3년이 지나** 종전주택을 **양도**하는 경우로서 **다음 요건(㉠+㉡)을 모두 충족**하는 경우 　㉠ **신규주택 완성 후 2년 이내**에 세대전원 이사 + 1년 이상 계속 거주 　㉡ 신규주택 완공 전 또는 **완공 후 2년 이내에 종전주택 양도**	❷ (좌동) ㉠~㉡ (좌동)
<추 가>	㉢ **종전주택 취득 후 1년 이상**이 지난 후에 조합원입주권 취득

개정 이유

과세형평 제고

적용 시기

영 시행일 이후 취득하는 조합원입주권부터 적용

1세대 1주택 1분양권 비과세 특례요건 합리화
(소득령 §156의3③)

현행	개정
1세대 1주택 1분양권 비과세 요건 (❶, ❷ 중 어느 하나에 해당)	비과세 요건 보완
❶ 1주택을 소유한 1세대가 **분양권 취득 후 3년 이내**에 **종전주택**을 **양도**하는 경우 - **종전주택 취득 후 1년 이상**이 지난 후에 분양권 취득	❶ (좌동)
❷ 1주택을 소유한 1세대가 **분양권 취득 후 3년이 지나 종전주택**을 **양도**하는 경우로서 **다음 요건(㉠+㉡)을 모두 충족**하는 경우	❷ (좌동)
㉠ **신규주택 완성 후 2년 이내에 세대전원 이사 + 1년 이상 계속 거주** ㉡ 신규주택 완공 전 또는 **완공 후 2년 이내에 종전주택 양도**	㉠~㉡ (좌동)
<추 가>	㉢ **종전주택 취득 후 1년 이상**이 지난 후에 분양권 취득

개정 이유

과세형평 제고

적용 시기

영 시행일 이후 취득하는 분양권부터 적용

공익사업용 토지 등에 대한 양도소득세 감면 적용기한 연장
(조특법 §77)

현행	개정
공익사업용 토지 등 양도시 양도소득세 감면	적용기한 2년 연장
▶ **(요건) 공익사업에 필요한 토지*** 등을 **공익사업시행자**에게 양도 *사업인정고시일 현재 2년 이상 보유	(좌동)
▶ **(감면율)** ❶현금: 10%, ❷일반채권: 15%(3년 만기 채권: 30%, 5년 만기 채권: 40%)	
▶ **(적용기한)** 2021.12.31.	▶ 2023.12.31.

개정 이유

공익사업의 원활한 수행 지원

4. 상속세 및 증여세법

동거주택상속공제 대상 확대
(상증법 §23의2)

현행	개정
동거주택 상속공제* 요건 *[상속주택가액(주택부수토지 포함) – 피담보채무] 공제(6억 원 한도)	공제 적용대상 확대
❶ **피상속인·상속인**이 상속개시일로부터 **10년 이상 동거**	
❷ **상속인**은 상속개시일 기준 **무주택자** 또는 피상속인과 주택을 **공동소유한 1주택자**	(좌동)
❸ **피상속인·상속인**은 동거기간 동안 **1세대 1주택 보유**	
❹ **직계비속만 적용 가능** * 피상속인의 배우자 제외	❹ **직계비속의 배우자도 허용**

개정 이유

부모 봉양에 대한 상속세 세제지원 확대

적용 시기

2022.1.1. 이후 상속이 개시되는 분부터 적용

저가 양수 또는 고가 양도 시 과세 범위 합리화
(상증법 §35③)

현행	개정
저가 양수 또는 고가 양도에 따른 이익의 증여 과세대상	소득세법상 시가로 인정되는 경우에도 과세대상에서 제외
▶ **(원칙)** 재산을 시가보다 **낮은 가액**으로 양수하거나 **높은 가액**으로 양도하는 경우 　* 대가와 시가의 차액이 시가의 30% 또는 3억원 이상인 경우 ▶ **(제외)** 개인과 법인 간 거래 시 **법인세법상 시가**에 해당하여 부당행위계산 부인이 적용되지 않는 경우	(좌동)
<신 설>	－ 개인과 개인 간 거래 시 **소득세법상 시가**에 해당하여 양도소득세 부당행위계산 부인이 적용되지 않는 경우

개정 이유

개인 간 거래 시 증여세 과세 대상 범위 합리화

적용 시기

2022.1.1. 이후 양수·양도하는 분부터 적용

김윤석의 디테일한 부동산 절세 비법

초판 1쇄 발행 2022년 3월 24일

지은이 김윤석
펴낸곳 원앤원북스
펴낸이 오운영
경영총괄 박종명
편집 김상화·최윤정·김형욱·이광민
디자인 윤지예·이영재
마케팅 문준영·이지은
등록번호 제2018-000146호(2018년 1월 23일)
주소 04091 서울시 마포구 토정로 222 한국출판콘텐츠센터 319호(신수동)
전화 (02)719-7735 | **팩스** (02)719-7736
이메일 onobooks2018@naver.com | **블로그** blog.naver.com/onobooks2018
값 17,500원
ISBN 979-11-7043-293-7 03320

* 잘못된 책은 구입하신 곳에서 바꿔 드립니다.
* 이 책은 저작권법에 따라 보호받는 저작물이므로 무단 전재와 무단 복제를 금지합니다.
* 원앤원북스는 독자 여러분의 소중한 아이디어와 원고 투고를 기다리고 있습니다.
  원고가 있으신 분은 onobooks2018@naver.com으로 간단한 기획의도와 개요, 연락처를 보내주세요.